Lenguaje sin palabras

Lenguaje sin palabras

Aprende a leer el lenguaje no verbal y mejora
tus habilidades de comunicación

BÁRBARA TIJERINA

Prólogo de Francisco Martín Moreno

El papel utilizado para la impresión de este libro ha sido fabricado a partir de madera procedente de bosques y plantaciones gestionadas con los más altos estándares ambientales, garantizando una explotación de los recursos sostenible con el medio ambiente y beneficiosa para las personas.

Lenguaje sin palabras
Aprende a leer el lenguaje no verbal y mejora tus habilidades de comunicación

Primera edición: febrero, 2021
Primera reimpresión: junio, 2021

D. R. © 2021, Bárbara Tijerina

D. R. © 2021, derechos de edición mundiales en lengua castellana:
Penguin Random House Grupo Editorial, S. A. de C. V.
Blvd. Miguel de Cervantes Saavedra núm. 301, 1er piso,
colonia Granada, alcaldía Miguel Hidalgo, C. P. 11520,
Ciudad de México

penguinlibros.com

D. R. © 2021, Penguin Random House / Amalia Ángeles, por el diseño de portada
D. R. © iStock by Getty Images, por las imágenes de portada
D. R. © Irene Barajas, por la fotografía de la autora
D. R. © 2021, Alejandra Díaz, por las ilustraciones de interiores
D. R. © 2021, Francisco Martín Moreno, por el prólogo

Penguin Random House Grupo Editorial apoya la protección del *copyright*.
El *copyright* estimula la creatividad, defiende la diversidad en el ámbito de las ideas y el conocimiento, promueve la libre expresión y favorece una cultura viva. Gracias por comprar una edición autorizada de este libro y por respetar las leyes del Derecho de Autor y *copyright*. Al hacerlo está respaldando a los autores y permitiendo que PRHGE continúe publicando libros para todos los lectores.

Queda prohibido bajo las sanciones establecidas por las leyes escanear, reproducir total o parcialmente esta obra por cualquier medio o procedimiento así como la distribución de ejemplares mediante alquiler o préstamo público sin previa autorización.
Si necesita fotocopiar o escanear algún fragmento de esta obra diríjase a CemPro
(Centro Mexicano de Protección y Fomento de los Derechos de Autor, https://cempro.com.mx).

ISBN: 978-607-319-417-4

Impreso en México – *Printed in Mexico*

A mis hijos, que con amor y risas aprendo tanto de ellos todos los días.

Agradecimientos

Agradezco enormemente a mi familia por ser una fuente de inspiración constante: a Checo, por su creatividad sin límites; a Fernanda, por su perseverancia inagotable; a Alejandra, por su empatía y su carisma para siempre mostrar su mejor sonrisa, muchas gracias también por realizar las ilustraciones de este libro.

A Francisco Martín Moreno, por impulsarme a realizar este gran proyecto, por acercarme a su editorial y por confiar en mi talento.

Al doctor Francisco Moreno, por su apoyo incondicional, por estar a mi lado día a día, por creer en mí y en mis sueños.

A ti lector, por tu interés en aprender más sobre el lenguaje no verbal.

*Quien no entiende una mirada, tampoco entenderá
una larga explicación.*
PROVERBIO ÁRABE

Índice

Prólogo 15
Introducción. Paraboliqueando 19

Las emociones mueven al mundo 27
La cara 37
Las manos 55
El movimiento 71
Los pies 89
No es lo que dices, sino cómo lo dices 101

Conclusión 109
Bibliografía 119

Prólogo

Siempre pensé que Bárbara Tijerina era una más de las autoras sin obra, sin embargo, a partir de la publicación de *Lenguaje sin palabras* confirmé que su libro, producto del estudio, la investigación y el análisis del lenguaje corporal, será extraordinariamente bien recibido. Bárbara ya es una autora con una excelente obra que habrá de reportarle enormes beneficios a la sociedad, la cual podrá estar más comunicada y, por lo tanto, más unida. Soy el primero en comprender el privilegio de extenderle a Bárbara una feliz y justificada bienvenida al fabuloso mundo de las letras, al que debería haber llegado buen tiempo atrás. La felicito por su trabajo y por su dedicación en esta primera obra que será un mero inicio en la inmensa carrera que le espera como una verdadera experta en la materia.

¿Se imagina el amable lector poder distinguir qué pareja sí se quiere y cuál no? "El amor se nota; el desamor se nota aún más", dice la autora. Tiene toda la razón cuando afirma que el lenguaje verbal grita lo que la boca calla y que lo más importante en la comunicación es escuchar lo que no se dice. Qué importante resulta saber el significado de cuando una mujer baja los ojos como si fuera una señal de sumisión o un adolescente los levanta al ser regañado por sus padres.

Ahí va Bárbara afirmando en sus párrafos luminosos que "la voz es el envase, el papel de regalo que envuelve nuestro mensaje para llegar a quienes nos dirigimos. Todos la tenemos distinta y con ella revelamos nuestra identidad, nuestros miedos y nuestras aficiones. La voz, como vehículo de transmisión del mensaje, tiene una poderosísima influencia en nuestro día a día".

Claro que el cuerpo no miente, y como escritor tengo la obligación de saber leer las expresiones del rostro de mis personajes, de ahí que el texto de *Lenguaje sin palabras* de Bárbara Tijerina me sea de gran utilidad en la confección de mis trabajos.

Tal vez algunos lectores cuestionen mi participación en la redacción de este prólogo que mucho me honra, sin embargo, me apresuro a aclarar que un novelista y un devoto del periodismo está obligado a analizar y estudiar la conducta humana; a interpretar los movimientos nerviosos de sus personajes, así como de sus entrevistados; a poner atención en el lenguaje corporal, en las muecas, en los tics, en los rictus, en las huellas de sudor de las palmas de sus manos dejadas involuntariamente sobre una cubierta de vidrio; a escrutar su mirada nerviosa, en los ajustes repetitivos de la corbata, en los repasos insistentes de su cabellera, y claro, como bien apunta Bárbara, a descifrar las señales que manda un interlocutor cuando juega con una pluma colocada entre sus dedos o cuando masajea su cuello sin darse cuenta de que lo que intenta es tranquilizarse. Pero hay mucho más material que aporta la autora para explicar la conducta humana, como el parpadeo que ocurre cuando alguien está a punto de lagrimar, o el hecho de levantar una ceja que significa la existencia de dudas, al igual que rascarse la nariz quiere decir indecisión, sin olvidar que cuando alguien se cruza de brazos marca una clara distancia o una negativa en cualquier conversación.

He dedicado parte de mi vida a tratar de revelar el poder de la mentira y por ello, para mí, fue muy atractivo el cuestionamiento de Bárbara cuando expresa: "Por un tiempo me pregunté cómo podía detectar a las personas que dicen algo y piensan otra cosa. ¿Las delatan sus movimientos? ¿Hay algo en su tono de voz que revele que están mintiendo?". Al tratar de desentrañar y difundir la cara oculta de la historia de México, resulta imperativo traducir y entender el lenguaje corporal de los grandes protagonistas. ¡Cuidado con el novelista que contemple a un Álvaro Obregón aplaudiendo a rabiar la faena de un matador de toros en 1924 cuando el presidente era manco!

Si algún momento fue verdaderamente atractivo y revelador en materia del conocimiento del lenguaje corporal, como bien lo señala Bárbara, fue cuando Peña Nieto entregó el poder a López Obrador; el expresidente "nos ofreció todo un catálogo de gestos y expresiones faciales que delataban su nerviosismo por el momento histórico". Las señales fueron evidentes: "Se limpiaba el sudor, apretaba la quijada y, frecuentemente, se rascaba la nariz".

La lectura de *Lenguaje sin palabras*, la ópera prima de Bárbara Tijerina, no sólo es de particular importancia para los escritores, políticos, psicólogos, además de diversos especialistas en la materia, sino que aprender a leer el lenguaje no verbal mejorará las habilidades de comunicación de nuestros semejantes y, por ende, ayudará a conformar una sociedad superior.

Francisco Martín Moreno

Introducción
Paraboliqueando

Las emociones no expresadas nunca morirán. Están enterradas vivas y aparecerán más tarde de maneras más desagradables.
Sigmund Freud

No sé mentir. Nunca he podido, gracias a mi papá. En casa, él casi siempre contestaba el teléfono; si la llamada era para mí y yo le decía algo como: "Dile que no estoy", su respuesta era: "O le contestas o le digo que no le quieres contestar".

Mis papás vivieron épocas donde a los niños no se les sobreprotegía y se les enseñaba a decir la verdad; eso fue lo que me inculcaron. Mi padre fue un ejemplo de honradez y honestidad: pagaba todo a tiempo, era puntual en sus citas y seguía las reglas al pie de la letra. Su ejemplo influyó tanto en mí que hoy en día, aunque él ya no está, antes de hacer algo pienso: "¿Qué haría mi papá en esta situación?". A eso le llamo trascender.

Para él era muy importante darle valor a la palabra. En una ocasión, yo le estaba ayudando a vender su coche. Ya se había acordado el precio con un comprador cuando, al día siguiente, se presentó un mejor postor. En ese momento yo estaba lista para dárselo a quien mejor lo pagara, pero mi padre me dio una gran lección: "¿Cuánto vale tu palabra? Hónrala", me dijo. Hasta hoy, ese consejo resuena en mis oídos. Siempre se lo agradeceré.

Como vengo de una familia en donde la honradez es tan valiosa, me sorprenden las personas que resultan ser sólo unas boconas.

Después de detectar la incongruencia de alguien entre sus palabras y sus acciones, puse esto en Twitter: "Cuando eres congruente con tus principios, dejas de ser un bocón. Tristemente, este mundo está lleno de bocones". Tuve una gran respuesta en ese comentario, creo que varios se sintieron reflejados.

Por un tiempo me pregunté cómo podía detectar a las personas que dicen algo y piensan otra cosa. ¿Las delatan sus movimientos? ¿Hay algo en su tono de voz que revele que están mintiendo? A mí me dicen que soy ultratransparente, que se me nota todo. Si algo me apena, no puedo evitar sonrojarme; si me dan un regalo que ya tengo o no me gusta, mi expresión va a decir lo que pienso, pero no todos son así.

Entonces me dediqué a descubrir quiénes mentían y cómo lo hacían. Empecé con este juego: voy a ver quién está diciendo mentiras. Entraba a cualquier lugar como la mujer invisible. Observaba y anticipaba acciones, lo cual se convirtió en mi deporte favorito. Llegaba a los restaurantes, al aeropuerto o al club y, después de observar por un momento el lenguaje no verbal de alguien, podía concluir quién iba a pagar la cuenta, quién era el jefe, e incluso, en el caso de las parejas, quiénes sí se querían y quiénes no. El amor se nota; el desamor se nota aún más. Y esto que comenzó como un juego, hoy es mi profesión.

Una vez, mientras cenaba con unas amigas, me levanté de golpe y dejé la mesa porque noté que una señora no se sentía bien.

Introducción

Llegué al rescate justo a tiempo y la recostamos en el piso para evitar que cayera desmayada. Una vez recuperada, la familia y mis amistades estaban sorprendidas de que yo me hubiera dado cuenta cuando nadie más lo hizo. No lo podían creer. Fue precisamente gracias a este juego de observación que vi cómo la mujer empalidecía y jalaba el aire con dificultad. A mí, por el contrario, me llamó la atención que nadie más se percatara.

Es tal mi grado de observación que hasta me desconecto de la vida real. De niña, cuando mi mamá me llamaba: "¡Bárbara, Bárbara!", y yo no atendía o no le hacía caso, ella decía: "Para qué le hablo, está paraboliqueando". Se refería a esa antena de televisión satelital que intentaba captar los canales disponibles dando vueltas y vueltas hasta encontrar la señal.

Algunos lo pueden llamar ser metiche, pero ser observadora me ha ayudado no sólo a salvar a personas en restaurantes, sino también a abrirme puertas a lo largo de mi vida. Una vez en la escuela eligieron a los ocho niños más sobresalientes para inscribirlos en un curso especial que desarrollaba ciertas habilidades a su máximo potencial. Incluso utilizaron la palabra *superdotados*. Yo quedé seleccionada en ese grupo con tan sólo 12 años. Para nada me sentía así, de hecho, la palabrita me espantaba mucho y creía que todos hablaban en secreto atrás de mí, tratándome como si fuera de otro planeta. La realidad es que me eligieron porque siempre fui muy curiosa, así que participaba en todas las actividades de la escuela. Como la directora veía que estaba en la obra de teatro, en la competencia de gimnasia y exponiendo en inglés, me decía: "Eres el ajonjolí de todos los moles". Fue eso lo que me hizo destacar y ser elegida para este importante grupo de alumnos. Ya en el curso, una de las principales actividades era entrenar "el músculo de la observación". Nos ponían imágenes llenas de colores y escenas distintas que sólo podíamos ver durante 10 segundos. Después retiraban la imagen y nos hacían muchas preguntas para ver qué tanto éramos capaces de recordar. Esto me sirvió muchísimo tanto en la escuela como en lo personal, porque entrené mi memoria fotográfica y aprendí a confiar en mi intuición.

Hoy en día, me sorprende cómo vamos por la vida sin estar atentos y con un arma de distracción masiva como es el celular, que nos hace ir por la calle sin observar quién está atrás de nosotros y quiénes pasan a nuestro lado. La desatención es tal que cuando un coche golpea a otro y huye, el agraviado no sabe ni la marca ni el color ni mucho menos las placas del agresor.

Otra de las clases en el curso de superdotados era la de magia. El propósito era aprender cómo se puede manipular la atención de los demás. Aunque todo parecía un juego, desviar la atención de las personas hacia un lado permitía hacer magia en el otro. Ése es el principio del engaño. Todos estos entrenamientos y conocimientos fueron la base para desarrollar habilidades que tendrían un uso práctico en mi vida profesional.

Más adelante estudié la licenciatura en Administración en el ITAM y entré a trabajar en un programa de Televisa que se llamaba Ritmo vital, en donde seis jóvenes hacíamos rutinas de ejercicio. Era la época de Jane Fonda, aeróbics y calentadores. Después vino mi etapa de ser mamá, que hasta hoy es mi pasión máxima. Me dediqué a mis hijos al cien por ciento y fue un placer descubrir que, desde su inocencia, tenían la habilidad natural para leer el lenguaje de las emociones de los demás. Como dijo Pablo Picasso: "Cada niño es un artista, el problema es cómo seguir siendo un artista una vez que creces".

En esta etapa, mi curiosidad y capacidad de observación seguían vivas, pero las enfocaba en ellos. Me era fácil detectar cuando algo les preocupaba o cuando estaban tristes, y sabía perfecto cómo motivarlos y protegerlos. De hecho, en una ocasión iba caminando con mi hija por una banqueta muy sola y unos metros adelante observé a dos tipos que se veían francamente nerviosos y exaltados. Llamó mi atención su forma de vernos y de esquivar mis ojos cuando los observé. Le dije a mi hija: "Vámonos a caminar por el centro de la calle, porque la banqueta está muy sola, nos van a asaltar y nadie se va a dar cuenta". Ella protestó y me dijo: "Mamá, te pasas", pero cuando estábamos por el centro de la calle estos tipos nos dieron alcance y con un arma me obligaron a darles mi reloj. No nos hicieron nada más gracias a mi intuición de cambiarnos de acera, porque ahí había más coches, y al sentirse observados huyeron. Ése es un ejemplo del gran valor de detectar las emociones de los demás: en este caso detecté su miedo, que es una emoción muy poderosa. Al leer el lenguaje no verbal de las personas podemos anticipar cuál será su siguiente movimiento.

Como siempre me ha encantado el tema de las emociones, de dónde vienen, qué hacen y, sobre todo, cómo se ven en el cuerpo, decidí estudiar después de la maestría una especialidad en inteligencia emocional en la educación. La maravilla fue que dentro de esta especialidad venía un módulo de lenguaje corporal: fue como entrar en un mundo nuevo que me atrapó por completo. Quise profundizar y busqué en dónde podía continuar aprendiendo al respecto, pero me di cuenta de que era un tema desconocido aquí en México. Encontré que las neurociencias y el estudio del lenguaje corporal son comunes en el Reino Unido, Australia y España. Incluso se les enseña a los niños desde primaria. En México, la carrera de Neurociencias apenas se abrió en la UNAM en 2017.

Así que me fui a España a aprender con varios expertos. En Madrid, los que se forman en criminalística cursan la materia de lenguaje corporal, ya que gracias a estos estudios han logrado prevenir crímenes y atentados con base en una metodología de observación y análisis; observar el lenguaje no verbal te permite anticipar y estar prevenido ante el siguiente movimiento. A partir de ese momento me he dedicado a dar clases a nivel licenciatura, estuve en programas de radio trabajando con conductores como Esteban Arce y Lucero Solórzano y participé en una sección llamada El lenguaje sin palabras, dentro del programa de Pedro Ferriz de Con que se transmitía en FerrizLiveTV, en donde analizaba los comportamientos no verbales de los personajes de la política y dábamos tips de cómo manejar nuestra comunicación.

Además, he tenido la oportunidad de dar distintos cursos en empresas para personas que se interesan en dominar las habilidades de observación con el fin de ser más persuasivas, más asertivas y de conectar mejor con clientes, proveedores e incluso familiares. El lenguaje no verbal grita lo que la boca calla. Como bien decía Peter Drucker: "Lo más importante en la comunicación es escuchar lo que no se dice".

Este conocimiento no sólo me ha servido a nivel profesional, también me ha brindado mucha información sobre mis relaciones personales. Sé quién sí, quién no, quién tal vez y quién nunca jamás.

¿Te has puesto a pensar por qué cuando le preguntas a tu contador si hizo a tiempo la instrucción que le habías pedido y te responde que sí, notas un temblor en sus piernas? ¿O por qué cuando compras un departamento, al darle la mano a la vendedora su palma está húmeda de sudor? ¿O por qué tu pareja te repite una noche 10 veces que te ama, pero nunca lo hace viéndote a los ojos? ¿Estarán diciendo la verdad? Con gestos, expresiones e incluso con la respiración manifestamos quiénes somos y cómo

Introducción

nos sentimos. Estudiar el lenguaje no verbal permite conocer y entender las emociones. Eso es justamente lo que vas a aprender en este libro. Porque todo lo que hacemos o dejamos de hacer comunica. Incluso al estar en silencio estamos comunicando y transmitiendo quiénes somos, qué nos gusta, qué nos desagrada y qué nos entusiasma. Cada vez que interactuamos con alguien nuestro cuerpo murmura la verdad y, muchas veces, desmiente lo que las palabras comunican. Lo que hacemos y vemos es la expresión de las emociones.

El lenguaje corporal surgió mucho antes que el verbal y se relaciona directamente con la parte inconsciente, emocional e instintiva del cerebro. Esta parte primitiva es la que más experiencia acumula y es determinante en nuestra conducta. Cuando la neocorteza, que es la parte más racional del cerebro, decide algo, es realmente el sistema límbico (donde están las emociones) quien ya lo había aprobado o rechazado antes. Hoy en día el éxito se relaciona con un nuevo tipo de liderazgo: personas que son capaces de observar, de monitorizar comportamientos y de mediar el ritmo de la comunicación. Aquellos que tienen la capacidad de empatizar y conectar mejor con sus clientes, pacientes y familia, tendrán ventaja en las áreas más importantes de su vida y se convertirán en líderes naturales.

La información está en el mundo que te rodea. Sólo es importante saber qué observar y en dónde centrar nuestra atención. A lo largo del libro vamos a recorrer juntos este camino de aprendizaje que cambiará para siempre tu forma de percibir y entender a las personas y sus emociones.

Con cariño,
Bárbara

1
Las emociones mueven al mundo

Las emociones son los capitanes de nuestra vida y las obedecemos sin siquiera darnos cuenta.
VINCENT VAN GOGH

¿Qué sentirías si tu hija, tu hermano o tu mamá no pudieran sonreír jamás? Piensa cómo sería la vida de una persona cuya cara no reflejara ninguna emoción. Imagínate tú mismo: ¿cómo vivirías si no pudieras mostrar tu frustración, tu alegría o tu sorpresa? La cara, con sus 43 músculos incluyendo la lengua, es el principal indicador de las emociones. Cuando queremos saber cómo se siente alguien, lo primero que observamos es su expresión facial. Si abrió los ojos, levantó las cejas, cómo colocó el mentón y muchos otros pequeños indicadores del estado emocional.

Pero a la vez la expresión facial es el canal de comunicación que mejor podemos controlar. Cuando no queremos que se note nuestra tristeza o angustia contenemos la expresión de la cara. Sin embargo, la emoción que pretendes esconder buscará la salida y se revelará de diversas formas. Quizás en un pie con movimientos nerviosos, en el jugueteo de la pluma que tienes en la mano o incluso en un pequeño masaje en el cuello que te darás, sin darte cuenta, con el fin de tranquilizarte. Es sumamente complicado reprimir una emoción intensa.

Durante un congreso conocí a un doctor especialista en cirugías faciales para tratar de revertir una rara enfermedad que se llama síndrome de Moebius. Es un desorden caracterizado por la incapacidad de mostrar emociones a través de los músculos de la cara. ¡Imagínate! Ni sonreír ni fruncir el entrecejo o la nariz para expresar disgusto, nada. Jamás había escuchado algo así, pero resulta que dos nervios importantes (los sextos y séptimos craneales) no se desarrollan completamente durante el embarazo y generan esta imposibilidad de expresión.

Nunca había reflexionado sobre la importancia de algo tan simple como ver sonreír a tus hijos, hasta que este doctor me presentó un video de la cirugía que le realizó a una niña que padecía este síndrome. Después de varios procesos había logrado el milagro: los papás de la niña vieron por primera vez a su hija sonreír. Al final de la presentación, el papá subió al escenario y nos hizo una pregunta que nos hizo cuestionarnos a todos: "¿Qué estarías dispuesto a hacer por ver a tus hijos sonreír?".

Me quedé pensando un segundo, y la respuesta fue inmediata: "Haría todo". Hoy, cada que esta niña se expresa no sólo con palabras, sino con su rostro (algo que para ella es un regalo maravilloso), un instante de júbilo total invade a sus padres, quienes no logran contener las lágrimas. Así de natural e importante es la expresión de las emociones.

Ahora bien, en el síndrome de Moebius el problema es la incapacidad de expresarlas, pero existe otra condición quizás aún más limitante. Se trata de una enfermedad que te impide sentir las emociones. En un principio puede sonar hasta atractivo: ¡qué maravilla! Se muere tu abuela y no sientes tristeza; terminas una relación y en ningún momento sientes miedo o frustración; tu jefe nunca te va a hacer enojar, y una tarde con niños llorando te deja tranquilo y relajado. Esta condición se llama alexitimia y es un trastorno neurológico por el cual la persona es incapaz de sentir e identificar sus emociones y por tanto expresarlas verbalmente. La padecen 1 de cada 7 personas.

Una persona con alexitimia es distante, sin sentido del humor, introspectivo y con una gran dificultad para relacionarse.

Muchos autores sostienen que la alexitimia es un concepto de rango, es decir, se presenta en distintas intensidades. Puede ser desde leve hasta provocar una incapacidad. Según datos de la Sociedad Española de Neurología, se calcula que 10% de la población la padece, presentándose con más frecuencia en los varones. La alexitimia puede aparecer en otros trastornos psicopatológicos tan comunes como la depresión y en trastornos de alimentación como la anorexia y la bulimia. Algunas enfermedades neurológicas como la esclerosis múltiple y el Parkinson presentan rasgos de alexitimia que pueden ser severos e incluso ser la manifestación o el síntoma más importante para que el médico pueda detectar estas enfermedades.

En el caso de las personas que tienen trastorno del espectro autista, la alexitimia se presenta con una alta incidencia en casi 90% de los casos.

Las emociones son esenciales para nuestra salud y bienestar; la emoción prepara al organismo para actuar y podemos notarla a través del lenguaje no verbal que externa lo que estamos sintiendo en ese momento.

Las emociones son como la brújula del cerebro que nos ayuda a dirigir nuestro rumbo, gracias a ellas nos conectamos con nosotros mismos y con los demás y nos es más fácil tomar decisiones. Sin ellas estaríamos perdidos. Una emoción es una respuesta a un estímulo interno o externo. Se presentan en nuestra lucha por la supervivencia y se desarrollan en el intento por entender el mundo en el que vivimos.

Paul Ekman probablemente es el investigador más conocido en el campo del comportamiento no verbal, sobre todo en lo referente a las expresiones faciales de las emociones. La revista *Time* lo consideró en 2009 como una de las 100 personas más influyentes del mundo. La propuesta de Ekman es un buen punto de partida a la hora de categorizar las distintas emociones que podemos sentir los seres humanos, independientemente de la cultura en la que nos hayamos criado. Ekman, junto con Wallace V. Friesen, fue codescubridor de lo que denominaron *microexpresiones*, que son movimientos involuntarios de los músculos del rostro que duran regularmente $1/3$ de segundo, ocurren como una reacción a una emoción y, aunque no cualquiera las detecta, no hay manera de ocultarlas.

LAS SEIS EMOCIONES BÁSICAS

El que quiere interesar a los demás tiene que provocarlos.
SALVADOR DALÍ

Según Ekman, existen seis emociones básicas que son compartidas por todas las culturas: el miedo, la tristeza, la alegría, la ira, el asco y la sorpresa. Las emociones nos acompañan en todo momento y las manifestamos de varias formas, algunas muy parecidas a como lo hacen ciertos animales. Un chango enojado mostrará su ira con un gesto en el que enseña los colmillos en señal de advertencia, algunas personas lo hacen en caso de furia.

Entender las emociones es tan importante que Charles Darwin comenzó esta investigación en 1872 en su libro *La expresión de las emociones en el hombre y en los animales,* en donde comparó las expresiones faciales de un gran número de mamíferos —entre ellos el hombre— y vio que las expresiones faciales elementales podrían relacionarse con instintos primitivos. Por esta razón es prácticamente imposible esconderlas. Así que, si crees que eres capaz de guardarte las emociones, estás muy equivocado: tu cuerpo habla por ti.

Si te digo que pienses en la canción que más te gusta, tu rostro se relajará, bajarás los hombros y hasta se puede filtrar una pequeña sonrisa. Si te digo que pienses en una maestra de escuela que con sus largas uñas hace rechinar el pizarrón, también mostrarás una serie de respuestas corporales. El cerebro no distingue entre imaginación y realidad: cualquier escenario que imagines provocará una reacción que se manifestará en tu cuerpo.

Aunque te mantengas sin moverte y sin hablar, tu comportamiento no verbal, hablará por ti. Por muy inteligente, racional y ecuánime que te consideres, tu lenguaje corporal va por ahí contando todo acerca de ti.

En 1966 los psicólogos Ernest Haggard y Kenneth Isaacs filmaban sus sesiones de psicoterapia cuando encontraron que, al correr las imágenes en cámara lenta, podían observar que las expresiones de la cara de sus pacientes mostraba microexpresiones en tan sólo una fracción de segundo que contradecían lo que expresaban verbalmente. Con esta técnica descubrieron que era posible conocer los verdaderos sentimientos de una persona a partir de la observación y, por lo tanto, que este material les serviría para futuras investigaciones, pues es más fácil mentir con las palabras que con el cuerpo.

Diversos pacientes les decían que ya estaban bien, que ya querían salir del hospital. Sin embargo, cuando ellos veían el video en cámara lenta y revisaban cuadro por cuadro, podían encontrar microexpresiones que no los respaldaban. Hoy en día existe un programa que integra todas las microexpresiones y determina, a partir de un análisis, cuál es la emoción predominante en una persona. El software es sumamente efectivo y preciso. En una ocasión fue usado en la Casa Blanca durante un encuentro entre Donald Trump y Barack Obama. La información que arrojó el sistema fue que la emoción predominante en Donald Trump era el asco.

De acuerdo con la edición de agosto de 2018 del *Harvard Business Review*, están surgiendo empresas como Affectiva, Beyond, Verbal y Sensay, que están desarrollando software para identificar, reconocer y analizar las emociones de millones de personas en el planeta. Para 2022 habrán invertido cerca de 41 billones de dólares con el objetivo de vender este contenido a las grandes empresas como Facebook y Amazon.

El estudio de las emociones es algo que aún está en pañales y tiene un gran campo para el desarrollo y la investigación en los próximos años, aunque te aseguro que, en un futuro no muy lejano, las empresas basarán su estrategia de ventas en el tipo de emoción de sus consumidores. El que logre interpretar, anticipar y provocar emociones dominará el mundo. Pero hay que saber cómo.

No a todos nos mueven las mismas cosas. Los estudios acerca de las emociones tienen sentido, porque éstas son determinantes a la hora de tomar decisiones. Además, tener la capacidad de captar con precisión los sentimientos del otro es la base de la empatía auténtica.

Las emociones no son buenas ni malas, tienen una función adaptativa importante para sobrevivir, ya que movilizan la energía en tu cuerpo hacia donde la necesitas. Por ejemplo, ante el miedo, el sistema simpático, que es autónomo, produce adrenalina favoreciendo que la sangre se vaya a las extremidades para que puedas prepararte para correr o defenderte.

A continuación te explicaré la función adaptativa de las seis emociones básicas; es decir, de qué nos protegen:

- La alegría facilita la integración.
- El enojo, a partir del aumento de adrenalina, aumenta la frecuencia cardiaca y la irrigación muscular, mejora la focalización visual y nos permite actuar intensa e inmediatamente.
- El miedo, que a nadie le gusta, es nuestro sistema ancestral de alerta. Nos sirve porque agiliza una respuesta de escape o evitación. El miedo nos protege; es como un radar.
- La tristeza, que tampoco es grata, provoca una serie de reacciones que favorecen el aislamiento y la baja de energía. Gracias a ello podemos pensar qué hacer o cómo seguir ante la pérdida.
- La sorpresa, que genera una mayor apertura de ojos y boca, ayuda a focalizar la atención por su inmediatez, lo que nos permite explorar rápidamente el entorno.

- El asco favorece las respuestas que nos ayudan a evitar o alejarnos de aquello que puede representar un peligro para nuestra salud y nuestra integridad.

En esencia, la alegría anima, el enojo defiende, el miedo protege, la tristeza libera y une, la sorpresa te mantiene alerta y el asco previene el peligro.

En cuanto a su función expresiva, las emociones son manifestaciones afectivas que indican procesos internos que nos ayudan a relacionarnos y a contactar con los demás. Mostramos emociones desde que nacemos (hay algunos bebés que desde 72 horas después de nacidos comienzan a sonreír); algunas son semejantes a las de ciertos animales, pero en los seres humanos éstas se vuelven más completas gracias al lenguaje. Incluso los ciegos, que nunca han visto cómo celebrar un triunfo, lo manifiestan como todos: levantando los brazos formando la "v" de victoria con entusiasmo.

Sentimos la necesidad de traducir las emociones y, una vez que las pensamos, se convierten en sentimientos. Sonreímos cuando estamos felices; nos cruzamos de brazos para protegernos; nos expandimos cuando estamos seguros y nos sentimos poderosos; nos sonrojamos y tenemos más fuerza en brazos y piernas cuando queremos decir: ¡ya basta!

Ninguna emoción es mala, todas son necesarias, son fuerzas elementales de energía vital con sus propias vibraciones y funciones, esenciales para nuestra salud y bienestar. Las emociones están hechas para vivirlas y para expresarlas; llegan sin nuestro consentimiento y, aunque podemos simular no sentirlas, siempre pagamos las consecuencias del autoengaño, ya que se almacenan hasta convertirse en tóxicas.

¿Te has preguntado alguna vez qué emoción te define? ¿Cuál es la que predomina en tu día a día? Hacer esta reflexión despertará tu conciencia, ya que es probable que, sin darte cuenta, vivas dominado por una emoción más fuerte que tú, que te tiene atrapado o estancado, como el miedo o la tristeza.

Hoy millones de personas viven inmovilizadas por el miedo: a perder el trabajo, a perder la pareja, a enfermar, a morir, a ser felices, a sentir. Sí, la vida es movimiento, pero tenemos miedo a cambiar. Gastamos la energía en resistirnos a estos cambios.

Podemos observar el miedo no liberado en el lenguaje no verbal: nos oprime la garganta, el cuello, la espalda baja; nos levanta los hombros; nos contrae la mandíbula y la frente, y mantiene el cuerpo en tensión constante ante el peligro real o imaginario. El miedo escribe su firma en todo el cuerpo, y ya no lo vemos.

Por su parte, la tristeza no expresada se muestra en alguien con brazos sueltos, colgando sin energía, en la pelvis trabada o en una joroba formada por la postura progravitatoria. Incluso la pérdida de energía se puede percibir en un tono de voz más bajo.

Desafortunadamente, vivimos rodeados de físicos moldeados de actitudes como: "No te atrevas a hablarme", "no me interesas", "no me estorbes", "no valgo" o "no soy suficiente".

Además, el uso de celulares en la actualidad está modificando la postura: vemos jóvenes agachados, con la mirada baja, con el cuello vencido para poner atención al celular. Más adelante hablaremos de cómo mejorar la postura.

Como ves, el cuerpo no miente, si no crees en lo que dices, hay una disonancia en el cuerpo. De hecho, es común ver personas que sufren de trizofrenia: pensar una cosa, sentir otra y realizar una tercera. Es como cuando piensas "sí", sientes "no" y expresas "tal vez". Ya lo decía Aristóteles en su *Retórica*: "Una persona logra persuadir cuando logra que su ser, hacer y parecer (*logos*, *ethos* y *pathos*) vayan en la misma dirección".

Logos se refiere a la razón. *Ethos* se basa en la credibilidad del orador y apela a su honestidad, es la confianza que inspiramos por ser quienes somos. Por ejemplo, cuando una persona con sobrepeso y vida desordenada nos dice que tenemos que cuidar nuestra salud, hay una disonancia entre lo que dice, *logos*, y su ejemplo, *ethos*; y cuando las cosas no van en el mismo sentido generan un deterioro físico. Aristóteles decía que debemos resultar creíbles incluso antes de empezar a hablar. *Pathos* va más allá de lo verbal, es puramente afectivo e incide en las emociones y los sentimientos de la audiencia, a través de historias y metáforas contadas con pasión.

La conclusión es que, hoy en día, es vital el estudio de la inteligencia emocional como herramienta para todos los ámbitos: personal, laboral, social, etcétera. El primer paso es saber reconocer las emociones para poder nombrarlas y manejarlas mejor. Si sabes reconocer, identificar y mover las emociones de alguien más, será muy fácil venderle, persuadirlo y hasta convencerlo de votar por ti.

2
La cara

El rostro es el espejo del alma y los ojos sus delatores.
CICERÓN

Cuando me preguntan: "¿Cómo sé si le intereso a una persona?", mi respuesta siempre es: "Fíjate, antes que nada, en cómo te mira. Cuando hay interés romántico, su mirada lo delatará, se dirige al triángulo que se forma entre tu nariz y tu boca". Algunos le llaman perderse en el Triángulo de las Bermudas.

Todas las personas tienen la habilidad de leer las caras de los demás, es una facultad innata. En segundos de observar a alguien puedes determinar si esa persona representa una amenaza o, por el contrario, es alguien con quien te podrías sentir identificado.

En un experimento con alumnos universitarios, antes de comenzar el semestre, se les pidió que realizaran una descripción de sus profesores con sólo ver su foto. Al final del curso se les volvió a pedir que hicieran otra descripción. 90% de las descripciones iniciales correspondió con las finales. Por eso es tan importante para los entrevistadores de selección de personal, más allá del análisis del currículum, la primera impresión, el encuentro cara a cara y percibir a partir del lenguaje no verbal la actitud.

La cara es el indicador emocional más potente, es donde vemos las seis emociones básicas, y también es el canal que controlamos con más facilidad cuando no queremos mostrar nuestra verdadera emoción. Por eso, a algunos los llaman *poker face*, porque a pesar de sentir emociones fuertes, pueden controlar sus gestos. Sin embargo, la emoción se filtrará hasta encontrar una salida, que puede reflejarse desde la cabeza hasta los pies.

Por otro lado, cuando no nos queremos relacionar con alguien tratamos de ocultar la cara. Por ejemplo, en los juicios cuando se enfrentan la víctima y el sospechoso o cuando se encuentra una pareja en el proceso de divorcio, vemos cómo evitan darse la cara.

Aunque es posible observar aspectos aislados del rostro como la mirada, la sonrisa, etcétera, siempre es mejor el análisis de la cara en conjunto para entender todo el contexto.

Cuando tienes un bebé, es increíble esa primera vez en que te encuentras con él o ella frente a frente, es como si no te cansaras nunca de mirarlo. Yo tengo tres hijos y no puedo describir la emoción del instante en que, después de meses de soñarlos e imaginarlos, por fin los conocí: los observaba y quería escanear cada gesto, cada mirada. Lo extraordinario es que también los bebés se le quedan viendo a la mamá casi como si estuvieran hipnotizados y quisieran entender todo el mundo a partir de esa mirada. Cuando nos enamoramos, nos quedamos viendo con fijeza a la cara, tratando de entender lo que hay detrás de su expresión. Damos el contacto visual a quien consideramos valioso, la mirada habla por nosotros y nos sirve para escuchar.

La cara

El ser humano se interesa y se fascina por las caras. Relatamos una historia y lo primero que preguntamos es: "¿Qué cara tiene?", "¿qué cara te puso?". De hecho, desde hace más de 400 años, cuando Miguel de Cervantes Saavedra escribió *Don Quijote de la Mancha*, él ya hablaba del lenguaje corporal:

> Ten memoria, y no se te pase della cómo te recibe: si muda los colores el tiempo que la estuvieres dando mi embajada; si se desasosiega y turba oyendo mi nombre; si no cabe en la almohada, si acaso la hallas sentada en el estrado rico de su autoridad; y si está en pie, mírala si se pone ahora sobre el uno, ahora sobre el otro pie; si te repite la respuesta que te diere dos o tres veces; si la muda de blanda en áspera, de aceda en amorosa; si levanta la mano al cabello para componerle, aunque no esté desordenado; finalmente, hijo, mira todas sus acciones y movimientos; porque si tú me los relatares como ellos fueron, sacaré yo lo que ella tiene escondido en lo secreto de su corazón acerca de lo que al fecho de mis amores toca; que has de saber, Sancho, si no lo sabes, que entre los amantes, las acciones y movimientos exteriores que muestran, cuando de sus amores se trata, son certísimos correos que traen las nuevas de lo que allá en lo interior del alma pasa.

La importancia del contacto físico es vital, tan es así que a pesar de las facilidades tecnológicas para chatear o hacer videollamadas, todavía se hacen vuelos de hasta 19 horas sólo para tener un encuentro. El rostro es tan importante que no queremos perder detalle de él ni en el ámbito familiar ni en el laboral ni en la política, por toda la información que nos da.

En la toma de posesión de Andrés Manuel López Obrador, el presidente saliente, Enrique Peña Nieto, nos ofreció todo un catálogo de gestos y expresiones faciales que delataban su nerviosismo por el momento histórico. Ante las críticas al régimen saliente que hacía el presidente electo, Peña Nieto se limpiaba el sudor, apretaba la quijada y, frecuentemente, se rascaba la nariz. El estrés genera que se liberen catecolaminas, sustancias que inflaman y resecan el tejido nasal, lo que provoca comezón en las fosas nasales. Esto es más común de lo que crees y no es la primera vez que lo vemos en un mandatario o en un líder. Cuando el entonces presidente Bill Clinton declaró su "inocencia" ante la nación por el escándalo con Monica Lewinsky, se llevó las manos a la nariz más de 20 veces mientras repetía: *"I did not have sexual relations with that woman"* (no tuve relaciones sexuales con esa mujer), lo cual era una muestra más de que estaba mintiendo.

Cuando pienses cómo detectar mentiras, cómo saber si me están engañando, recuerda: la verdad no teme a las preguntas. Cuando mentimos, el cuerpo responde al estrés generando adrenalina, la cual provoca una serie de cambios fisiológicos perceptibles y que fácilmente delatan al mentiroso, claro, si lo sabes observar. Por ejemplo, resequedad en la boca que lleva a chuparse los labios, sudoración, palidez y a veces, en caso de nerviosismo, la acción de pasar la mano por el cabello, como lo hacía nuestra madre cuando nos sentíamos angustiados e intranquilos. Hay un gran esfuerzo cognitivo en tratar de crear una historia que nunca existió.

Tratar de esconder una emoción es como tratar de hacer recta una línea de electrocardiograma de una persona viva: es un esfuerzo inútil que no rendirá frutos. Las emociones auténticas se reflejan en nuestro rostro por medio de músculos que se mueven de forma involuntaria y automática. Por el contrario, cuando fingimos una emoción o la disimulamos, estamos poniendo en marcha músculos voluntarios, porque lo hacemos de forma consciente y premeditada y eso se nota; es difícil sostener una expresión facial que no esté alimentada por una emoción real.

Si pones atención, te "brincará" la diferencia. Nadie es totalmente simétrico de los dos lados de su cara, pero cuando ocultamos emociones o las simulamos, la asimetría se marca aún más. En mis análisis, muchas veces observo una foto de la cara completa; después tapo un lado y luego el otro buscando ver la misma emoción en ambos. En mis conferencias, uno de los ejemplos que utilizo para explicar esto es una foto de Harrison Ford donde claramente manifiesta incomodidad. Es evidente cómo en el lado derecho de su cara muestra una sonrisa, mientras que en el lado izquierdo predomina el enojo, observable en la tensión de sus labios y de la ceja. (Busca una foto de él en internet y verás a lo que me refiero.)

Así es como ocurre la asimetría facial, por la manipulación de las emociones reales y las que queremos mostrar. Esto se debe a que cada uno de los hemisferios cerebrales se especializa en funciones y conductas diferentes.

Aunque el cerebro continúa siendo un misterio y es motivo de estudios que día con día hacen surgir nuevas preguntas, también hay descubrimientos que proyectan una luz acerca de su funcionamiento.

El estudio del lenguaje no verbal va de la mano de las neurociencias, ya que es precisamente en el cerebro donde se generan las emociones; no hay un solo movimiento corporal que no surja del cerebro.

Nuestro cerebro tiene dos hemisferios que, a su vez, se encuentran divididos en cuatro lóbulos cada uno: frontal, parietal, temporal y occipital. Cada parte tiene funciones específicas, y, aunque todas se comunican, los daños en áreas determinadas pueden causar trastornos particulares.

Lenguaje sin palabras

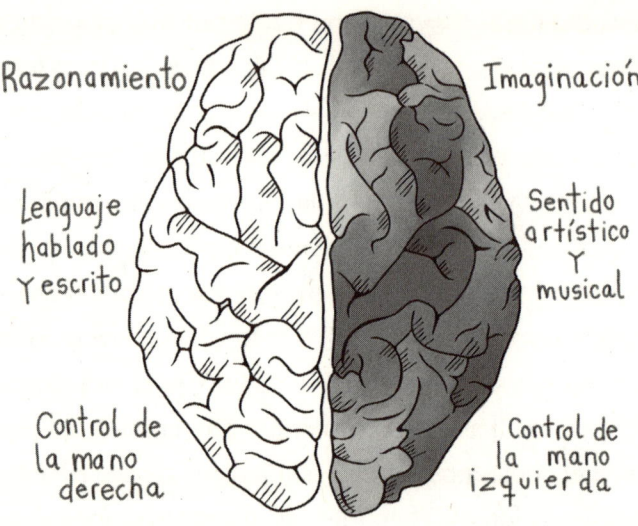

El hemisferio izquierdo coordina el movimiento de la parte derecha del cuerpo, mientras que el hemisferio derecho coordina el de la zona izquierda. Se ha demostrado que en el hemisferio izquierdo predomina la actividad racional y se encuentra el área del habla, es decir, la expresión oral. La mayoría de las personas lo tiene como dominante, por eso son más hábiles con la mano derecha.

En cambio, en el hemisferio derecho prevalece la capacidad emocional y guarda relación directa con la expresión no verbal: recordar a través de imágenes, captar y expresar emociones y ser intuitivo. Si eres de esas personas que difícilmente olvidan una cara, es porque tienes desarrollado de manera predominante este hemisferio. Seguro tienes más facilidad para pensar, recordar o estudiar mediante imágenes. Las personas que tocan algún instrumento musical o que tienen facilidades para dibujar también tienen predominancia de esta área.

Entender la manifestación de las emociones a través de la cara nos permite no sólo detectar quién nos miente, quién está enojado o quién está nervioso, sino que también nos ayuda a generar una conexión emocional. Ocurre a menudo, sobre todo con los políticos que ya traen un discurso armado, pero poco creíble, porque su cara, su postura o sus manos contradicen lo que están manifestando, así que el mensaje no conecta con los oyentes.

Una de las razones por las que me dedico a asesorar personas en distintas áreas como la política, la medicina, la docencia o los negocios es para ayudarles a ser coherentes, persuasivos y creíbles a partir de fortalecer y darle autenticidad a su mensaje. Si bien lo hago en todo su lenguaje no verbal, que incluye manos, postura y apariencia, el primer paso es analizar su cara a través de mi método La triada facial, que consiste en analizar los tres puntos más importantes de la cara: sonrisa, mirada y colocación del mentón.

LA SONRISA

Con tu sonrisa haces el mundo más bello.
THICH NHAT HANH

Tenemos la capacidad de sonreír desde que nacemos, es parte de nuestra naturaleza. Incluso las personas ciegas, que nunca han visto a nadie hacerlo, lo realizan cuando están contentos o como respuesta a emociones agradables. Utilizamos la sonrisa para reflejar felicidad y alegría en un encuentro; generalmente nos gusta ver a la gente sonreír, por eso se dice que la sonrisa es la distancia más cercana entre dos cerebros y que es el mejor lubricante social. Cuando es auténtica, atrapa por su sinceridad y por todas las emociones positivas que transmite. Provoca un contagio irrefrenable y un vínculo entre las personas. Pero no todas son auténticas, de hecho, una persona que procura sonreír todo el tiempo también genera desconfianza. Cuando esta expresión es genuina se le conoce como sonrisa Duchenne, ya que así se llamaba el científico francés que se dedicó a estudiarla.

El doctor Guillaume Duchenne, experto sobre todo en la fisiología del movimiento, estudió la musculatura de la cara y las respuestas eléctricas a distintos estímulos. Así, definió cuáles son los músculos que responden a una sonrisa auténtica, porque en este gesto social hay un matiz que va más allá de la boca y que se imprime en la mirada: la autenticidad emocional.

¿Cómo sabemos si la sonrisa es verdadera o no? Cuando sonreímos de manera natural, unas pequeñas arrugas alrededor de los ojos, las famosísimas "patas de gallo", se forman al contraerse tanto las mejillas como el músculo orbicular (*orbicularis oculi*). Como señala Daniel Goleman en su libro *Inteligencia social*, abundan en exceso personas tristes con sonrisas falsas. Eso nos

lleva a pensar que cuando quieres saber qué emoción siente una persona, no sólo debes observar su sonrisa, en la mirada encontrarás realmente la respuesta.

LA MIRADA

> *El alma que hablar puede con los ojos también puede besar con la mirada.*
> GUSTAVO ADOLFO BÉCQUER

¿Por qué cerramos los ojos cuando vamos a rezar, besar, llorar o soñar? Porque hay actos muy bellos que no necesitan ser vistos, sólo hay que sentirlos con el corazón.

Como dice Gustavo Cerati en su canción "Caravana": *Hay que cerrar los ojos para poder ver.*

Sin embargo, en las interacciones, una de las claves para lograr un buen entendimiento es la mirada. A partir de observar al otro podemos monitorear nuestras conversaciones: establecer cuándo callar y cuándo hablar; aprobar o rechazar el comportamiento de los demás; mostrar amor o hartazgo; retar, e incluso, según se dice, hay miradas que matan. Por ello, me encanta el proverbio árabe que dice: "Quien no entiende una mirada, tampoco entenderá una larga explicación". Si realmente conoces la de tus seres queridos, sabrás reconocer con facilidad cuando algo les preocupa.

La mirada es un importante canal de comunicación que nos habla del estado emocional de las personas. Si te interesa saber cómo se siente alguien, te podrás dar cuenta a través de la observación de sus pupilas.

Ante las emociones, las pupilas se dilatan o se contraen. Cuando miras a alguien que te parece atractivo, tu pupila puede agrandarse hasta cuatro veces su tamaño original. Por este motivo es común en publicidad que alteren las imágenes de los modelos agrandándoles las pupilas para que luzcan más atractivos. Las cejas son otro elemento que modifica la mirada: cuando bajamos las cejas, mostramos dominancia; cuando las levantamos, sumisión.

Entre los políticos es común usar la estrategia del flash, que consiste en levantar una fracción de segundo las cejas, como haciendo un saludo a alguien. Hillary Clinton lo hace con frecuencia, y ese pequeño gesto la hace parecer cómoda y que está saludando a algún conocido entre la muchedumbre, aunque no reconozca a nadie.

Si quieres saber si alguien te está engañando, obsérvalo con atención. Cuando las personas mienten, algunas evaden la mirada; sin embargo, agentes del FBI y especialistas en criminalística aseguran que, después de muchos años de estudios y experiencia, es más común observar que cuando las personas engañan o mienten se quedan viendo fijamente a los ojos de su interlocutor, casi sin parpadear y sin perder el contacto visual, para darse cuenta de si caíste en la mentira, si "encestaron", y después siguen con multiparpadeo compensatorio.

Esto no quiere decir que ver a alguien a los ojos esté mal, al contrario, era común que nuestros papás nos enseñaran a saludar a las personas mirándolas a los ojos, lo cual crea una conexión que deja una muy buena impresión, pero al igual que con la sonrisa, hay que hacerlo de forma natural y genuina. Para muchos animales, la mirada fija y sostenida es interpretada como amenaza. En recientes estudios de neurociencias se ha averiguado que cuando a una persona se le mira fijamente, responde con un incremento en el ritmo cardiaco, porque sentirse observada le genera cierta ansiedad.

Por otro lado, cuando presentas en una clase o en un auditorio, es recomendable incluir con la mirada a todas las personas para mantener la atención: hará la diferencia.

Dentro del estudio del lenguaje no verbal, un canal muy importante es la oculésica: hacia donde diriges la mirada es hacia donde está el foco de atención. Además, es un punto importante de la escucha efectiva, ya que cuando miramos a la persona que nos habla le estamos dando importancia, lo que la hace sentirse escuchada y hablar con más soltura.

Si en una interacción con otra persona notas que constantemente observa su reloj o la puerta de salida, seguro ya se quiere ir.

Otro punto a considerar es que la mirada tiene distintas interpretaciones de acuerdo a la cultura. Entre los árabes, es común posicionarse muy cerca y establecer contacto visual la mayor parte del tiempo, mientras que evitar verse directamente a los ojos es un signo de respeto en las sociedades del Lejano Oriente.

Para muchos, mirar a otro está relacionado con el agrado. Cuando estás cómodo con alguna persona es normal que busques su cara con mayor frecuencia. De igual forma, cuando no hay interés de comunicarse con alguien, se le niega la mirada. Es común en los elevadores, cuando estamos muy cerca de extraños, dirigir la vista hacia el techo o al celular para establecer una barrera. Las personas introvertidas, a las que no les gusta ser el centro de atención, por lo común bajan la mirada.

Ésta también tiene un fuerte impacto con la gente que queremos. Una relación amorosa empieza con un encuentro de miradas que quisieran que durara para siempre y termina cuando evitan verse a los ojos. Cuando pienso qué es lo que más extraño de mi mamá, sé que la respuesta es que ella ya no volverá a contemplar mis ojos ni yo los de ella; por eso, cada vez que la recuerdo se me nubla la vista. Nuestros padres al irse dejan grabada en nuestra memoria su mirada, su sonrisa y su alegría en ese lenguaje que no requiere palabras. #LenguajeSinPalabras.

Un muy buen ejemplo del uso efectivo de la mirada lo tiene Justin Trudeau, el primer ministro de Canadá.

Publiqué en Facebook unas fotos de Trudeau, a las cuales denominé "El efecto Trudeau". Son varias imágenes en donde se nota cómo algunas personas, entre ellas Donald e Ivanka Trump, Kate Middleton, la reina Isabel II del Reino Unido y Enrique Peña Nieto, entre otros, se rinden ante su carisma y su presencia, y no pueden evitar sonreír. Esa publicación llegó a millones de personas.

En un principio creí que se había vuelto viral porque es gracioso ver las reacciones que provoca un líder carismático; sin embargo, cuando analicé a profundidad por qué se generó esta respuesta, me di cuenta de varias cosas.

Como ya lo advertía Giovanni Sartori en su libro *Homo videns*, hoy en día el mundo se rige por lo visual: fotos, memes, videos. Tal parece que se cumple la máxima: una imagen dice más que mil palabras. El rostro de Trudeau es muy simétrico; ¿a qué me refiero con esto?, a que, si dividimos la cara en cuadrantes, la de Trudeau tiene proporciones casi perfectas. Por cierto, los niños tienen la cara más simétrica que los adultos, y las mujeres, más que los hombres.

Biológicamente nos agradan las caras así, y eso hace a Trudeau más seductor. Si expusieras a un grupo de personas a distintas imágenes de rostros y les preguntaras: ¿quién creen que sería culpable de una infracción?, aun sin conocer a los involucrados ni saber nada sobre ellos, la mayoría señalaría a la persona con los rasgos más asimétricos.

Otro punto a favor de este mandatario canadiense es que busca el contacto visual franco e interesado. Trudeau tiene una gran habilidad para escuchar atentamente y hacer sentir escuchado al que habla. No abre la boca hasta que el otro habla primero, lo que lo hace parecer más cercano. Incluso su primer acercamiento para comunicarse es establecer contacto visual.

Tal parece que Trudeau es el paradigma de la imagen del político ecuánime y atractivo: ágil, delgado y representante de la gran necesidad de nuestros tiempos de buscar la salud. Si un líder no se puede cuidar a sí mismo, ¿cómo cuidará a los demás?

Otro tema interesante en la mirada es el estatus. Estamos acostumbrados a que el más poderoso o dominante no mira a los subordinados o los mira hacia abajo. También ahí Trudeau marca una diferencia: se dice cercano y se muestra cercano. Tal como lo hace Obama (que es ponerse a la altura de su interlocutor si es un niño), Trudeau se baja hasta que los ojos quedan en el mismo nivel.

Si bien un buen manejo de la mirada crea vínculos, convence y comunica, en imagen, comunicación y lenguaje no verbal es muy importante la congruencia, porque puede suceder que una buena imagen venda una mala idea. Por ejemplo, Hitler era un orador convincente capaz de mover masas.

EL MENTÓN

> *Ponte frente al sol y las sombras quedarán detrás.*
> PROVERBIO MAORÍ

Para terminar con La triada facial, vamos a hablar de la colocación del mentón, que también puede ser muy elocuente. Si levantamos o bajamos la barbilla, dejamos más expuesto el cuello, que es la parte del cuerpo más vulnerable. Si lo dejas expuesto o lo proteges, estás comunicando si te sientes seguro, con miedo o qué tan expuesto estás internamente.

Levantamos la barbilla cuando nos sentimos más seguros. Una postura así significa orgullo, confianza y, en algunos casos, arrogancia (no estoy dispuesto a ceder).

Bajamos la barbilla cuando tenemos miedo, tristeza o nos sentimos amenazados. Es más claro verlo en los niños cuando se les pregunta sobre algo por lo que se sienten culpables. También podemos observar la posición del mentón en las personas que están sentadas. Cuando tenemos interés en la persona con la que interactuamos, ponemos la mano formando un marco que delimita la cara, pero cuando estamos aburridos, dejamos la cara descansar sobre la mano para relajar los músculos del rostro.

Si al escuchar a alguien nos frotamos la barbilla, estamos en el proceso de tomar una decisión.

Hagamos un análisis del lenguaje no verbal de Lady Di. Ella tendía a bajar la cabeza y elevar la mirada, lo cual produce un gesto de sumisión que puede resultar atractivo para los hombres, porque al bajar el mentón, los ojos parecen más grandes.

También este gesto la hacía ver más infantil, pues la mayoría de los niños, al voltear a ver al adulto, dirigen la mirada hacia arriba. Esto provocaba que tanto hombres como mujeres sintieran deseos de protegerla a un nivel subconsciente.

La barbilla levantada, que vemos a menudo en carteles de campaña política, comunica soberbia, arrogancia y poder.

Para finalizar, aquí te dejo 10 señales que te pueden ayudar a analizar el rostro de los demás y conocer sus intenciones:

1. Bajar los ojos muestra sumisión o modestia. Es un comportamiento natural del subordinado que no se atreve a mirar a sus superiores. Se asemeja a hacer una caravana.
2. Levantar los ojos y dejarlos casi en blanco, como lo hacen los adolescentes desesperados ante el regaño de sus papás, se asocia a una respuesta de huida, rechazo o evasión del tema a tratar.
3. Ver la esclerótica (lo blanco) del ojo por arriba y por debajo de la córnea o de la parte de color del ojo demuestra sorpresa. Para considerarla auténtica, esta expresión no debe durar más de una fracción de segundo, porque el ojo trata de captar más información para dar respuesta a esta emoción. Si este tipo de mirada dura más tiempo, quizá se esté en presencia de un psicópata.
4. Achicar la mirada cuando se está expuesto a un exceso de luz o cuando se mira al enemigo significa que se le quiere empequeñecer y transmitir nuestro odio.
5. El multiparpadeo ocurre cuando se está a punto de lagrimear. Está asociado a una alteración del sistema simpático que percibe algo que puede ser una amenaza y provoca una respuesta del cuerpo.

6. Cerrar un ojo con deliberación comunica cierta complicidad con alguien, ya que excluye a los demás. Significa "yo guardo el secreto".
7. Bajar la cabeza y la mirada se asocia a la tristeza y la decepción. Alguien así se percibe como inseguro.
8. Levantar una ceja significa duda.
9. Rascarse la nariz quiere decir indecisión.
10. Golpear con la mano la frente de forma espontánea es que se ha olvidado algo y se "castiga a la mente" por su olvido.

3
Las manos

Aprendí que todos los días deberías acercarte y tocar a alguien. La gente ama un cálido abrazo o simplemente una palmada amistosa en la espalda.

Maya Angelou

Si quieres saber el estado emocional de una persona, observa sus manos.

Las manos van acompañando e ilustrando lo que decimos; son un reflejo de nuestro mundo emocional. Si nos sentimos tristes, alegres, enojados o con miedo; si estamos convencidos de lo que estamos diciendo, o si queremos dar por terminada una conversación, las manos lo reflejarán también. Cada gesto muestra calma, inquietud, fuerza o suavidad.

Éstas han sido la herramienta más importante en la evolución de los seres humanos. Hay más conexiones nerviosas entre ellas y el cerebro que con cualquier otra parte del cuerpo. Nuestras manos son sumamente expresivas y a veces son el único recurso para comunicarnos. Incluso cuando estamos hablando por teléfono y nadie nos ve, es común que hagamos gestos con ellas.

Por ejemplo, si estás buceando y te quedas sin oxígeno, tu forma de pedir ayuda será a través de tus manos. Si no estás familiarizado con el lenguaje en el buceo, pensarás que ese pulgar en alto significa "me gusta", pero es la señal para decirles a los demás que tienes que subir a la superficie.

Imagina que te encuentras a un amigo del otro lado de la calle, la principal manera de llamar su atención será con los movimientos de tus manos. O qué tal si estás con una persona que no puede oírte, los gestos serán tu principal medio de comunicación.

Los movimientos con las manos son parte de la marca personal que nos define y, cuando acompañan lo que vamos diciendo, se llaman *gestos ilustradores*. Su función es resaltar alguna idea y ayudar a que el mensaje se entienda mejor. Es similar a subrayar la idea más importante con un plumón amarillo cuando escribimos.

Mover las manos al hablar puede ser el mejor aliado para comunicar con efectividad, favorecer la visualización y enfatizar. Además de ayudar a ser más fluido en tu comunicación verbal, dan orden, estructura y ritmo a tu mensaje. Cuando estamos hablando, si nos hacen guardar las manos, perdemos el hilo de lo que estamos diciendo, ya que moverlas nos ayuda a encontrar la palabra adecuada.

Un vendedor que trata de persuadir tiene que observar a la persona a la que le está vendiendo. Si le muestra sus palmas, puede seguir insistiendo, pero si cierra los puños, el tiempo se acabó, no vale la pena insistir más.

Mostrar la palma de la mano está asociado a la honestidad y la franqueza. Históricamente, se ha utilizado para demostrar que no se tienen armas y que no representas ningún peligro. En los juicios orales que se celebran en Estados Unidos se le obliga a la persona que va a declarar a poner la mano izquierda sobre la Biblia y la derecha mostrando la palma como símbolo de prometer decir la verdad.

Si en alguna ocasión estás involucrado en un accidente de automóvil, te recomiendo bajar de tu vehículo mostrando las palmas. Con este gesto, las personas sabrán que no estás armado, tienes la mejor disposición y no representas una amenaza, así ellos también bajarán la guardia y estarán en mejor actitud de cooperar y resolver el problema.

Las palmas de las manos tienen su propio discurso: cuando las personas tienden a meterlas en los bolsillos, el mensaje que transmiten es "estoy ocultando algo", "hay algo de lo que no quiero hablar". También, cuando se sienten a la defensiva, es común que crucen los brazos para crear una barrera de protección.

En un experimento que se hizo con varios expositores y sus gestos, en el que los oradores daban el mismo discurso pero con las manos en distinta posición, esto fue lo que encontraron:

1. Cuando el expositor utilizaba más el gesto de mostrar las palmas de las manos, tenía una aprobación del 84 por ciento.

2. Cuando el mismo expositor, con el mismo tema, colocaba las manos hacia abajo, la aprobación bajaba a 52 por ciento.

3. Cuando el mismo expositor, con el mismo tema, levantaba el dedo índice, únicamente lograba el 28% de aprobación.

La razón de por qué el expositor tuvo tan baja aprobación mostrando su dedo índice es que, en muchas culturas, es de mala educación u ofensivo señalar a alguien con el dedo. De hecho, existe lo que se le llama el Disney Point, que es un protocolo que prohíbe a los empleados señalar con el dedo índice, así que cuando alguien le pregunta a un empleado dentro del parque de diversiones en dónde se encuentra el baño, él amablemente le indica la dirección utilizando dos dedos de su mano.

Lo que concluye este estudio es que, si al hablar en público nos concentramos en mostrar las palmas de las manos de una forma natural, podemos crear un ambiente más positivo y mejorar nuestra credibilidad; además de que debemos tener cuidado con el dedo índice, porque, si te fijas, al levantar este dedo parece como un látigo con el que puedes someter y además hace sentir mal a las personas.

Como las manos están tan relacionadas con nuestro mundo emocional, es común que cuando alguien ofrece dos puntos de vista, normalmente sea la opción enfatizada con la mano dominante y la palma hacia arriba la que más le gusta.

Tocar a los demás habla mucho de cómo es la relación con esas personas. Es increíble el poder del tacto: ¿cuántas palabras te ahorras con un abrazo? Seguramente su mensaje fue más poderoso que todas ellas.

En el campo de la medicina se realizó un experimento en el que observaron que cuando los doctores concientizaban su comportamiento no verbal y tenían un pequeño contacto físico con el brazo del paciente al momento de decirle: "Espero que te mejores", lograban más compromiso por parte del enfermo, de tal forma que seguía mejor el tratamiento y, en caso de fallar, era menos probable que lo demandara.

Sentirnos seguros o poderosos se refleja en posturas expansivas; por ejemplo, las manos se muestran con mayor distancia entre los dedos, ocupando más espacio. En cambio, entre más estrés tengamos, más se contrae el cuerpo, incluso podemos llegar a meter el pulgar entre los demás dedos.

Asimismo, es común colocar las manos en forma de catedral, uniendo sólo las puntas de los dedos, cuando hablamos de un tema que dominamos.

Las manos

He tenido oportunidad de asesorar a personas cuya postura tiene que ser muy convincente, como secretarios de Estado y candidatos a la presidencia de México. Lo primero que hago es ponerlos a practicar esta postura, ya que utilizarla te ayuda a encontrar tu centro de equilibrio, la mejor manera de expresarte y logra transmitir confianza y seguridad. Aunque muchas personas usan este gesto, es característico de la canciller alemana Angela Merkel.

EL SALUDO

Las manos son los símbolos y a veces revelaciones.
ÈVE BÉLISLE

La primera impresión suele producirse durante el saludo. Un apretón de manos habla de ti, de tu educación, de tu personalidad y de lo importante que es para ti el encuentro con la otra persona. Lo conveniente es hacerlo con la mano firme, en una posición equilibrada y buscando el contacto visual. El saludo equivale a sellar un acuerdo.

Lenguaje sin palabras

Los etólogos especializados en el estudio del comportamiento de los animales creen que el saludo constituye un ritual para establecer el tipo de reacción —ataque o sumisión—, ya que durante éste se da un apaciguamiento para demostrar que no hay una intención agresiva. Entre los seres humanos también en el saludo se establece el tipo de relación que quieren llevar.

Un saludo nos aporta mucha más información de la que imaginas. Es frecuente ver imágenes de Donald Trump hostigando o poniendo muy incómodos a algunos dirigentes de otros países al momento de saludarlos: los mueve, les aprieta la mano y tiene contacto por un tiempo más largo de lo normal. Si bien no hay una estadística establecida, en mi opinión el contacto físico del saludo no debería extenderse más de siete segundos. Cuando Trump saludó al primer ministro de Japón Shinzo Abe, lo colocó en una postura sumamente incómoda, ya que no soltó su mano durante 19 segundos, y cuando lo hizo, el primer ministro resopló e hizo una cara que expresaba: "¡Por fin, esta tortura terminó!".

Éste no fue el caso con el presidente de Francia Emmanuel Macron, quien se preparó para el encuentro de tal forma que, cuando saludó a Trump, contrarrestó los jalones y apretones de mano con una fuerza mayor.

Cuando lo entrevistaron para preguntarle cuál había sido su experiencia ante el saludo del estadounidense, Macron respondió: "Tienes que demostrar que no harás pequeñas concesiones, ni siquiera las simbólicas".

Los jefes de Estado saben que una imagen dice más que mil palabras y tratan de lucir lo mejor posible. Vladimir Putin marca un precedente importante en el estudio del lenguaje no verbal. Ha sido bien asesorado: pone especial atención en cómo pararse, cómo caminar, cómo colocar sus manos y cómo posar en las fotos que le darán la vuelta al mundo. Tiene mucho cuidado en dónde se coloca antes de hacer "el saludo" y siempre busca estar del lado izquierdo de la imagen para que se vea el dorso de su mano derecha y quedar como el anfitrión, ya que en el estudio del lenguaje corporal es bien sabido que el que quede en esa posición será el vencedor y se mostrará dominante y en control.

Y es que, ciertamente, el saludo es muy importante. En su origen, el objetivo era desear salud; en la actualidad, el contacto declara la intención de la persona con la que se interactúa. Por ejemplo, nos damos la mano para cerrar acuerdos.

Hay varias formas de saludar, pero de todas ellas, creo que la peor es la de mano muerta: poner la mano débil sin energía ni vida. A las personas que saludan así se les asocia con personalidades muy tímidas e inseguras.

Al contrario, puede ser muy molesto el que quiere demostrar cuánto ha trabajado en el gimnasio y aprieta la mano con todas sus fuerzas. En lenguaje corporal hay una máxima que dice: "Todo lo que es exagerado es mentira".

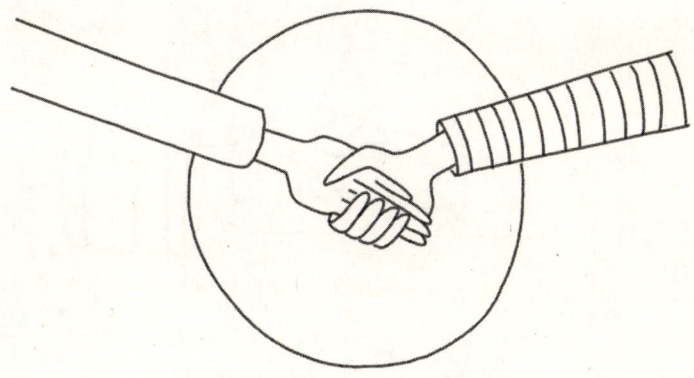

Otros tipos de saludos son:

1. Saludo de dominio: Es poner la mano con la palma hacia abajo para demostrar dominio. Se puede ver frecuentemente entre un jefe y un subordinado donde el gesto quiere dejar claro quién manda. Algunos mandatarios ofrecen así la mano, como si fuera un monarca y le tuvieran que corresponder con un "besamanos".

2. Saludo de sumisión: Por el contrario, es colocar la palma de la mano hacia arriba. Es un acto de respeto o sumisión, ya que pretende dar un lugar superior al interlocutor.

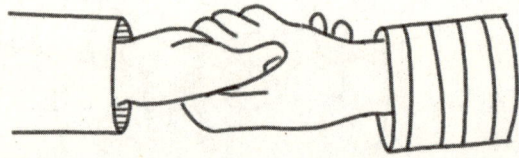

3. Saludo equilibrado: Es el mejor saludo, ya que se siente nivelado, con una presión natural y de frente, sin dominio ni sumisión.

Las manos

Hay algunas personas que tienen una condición que se llama hiperhidrosis palmar, que es una transpiración excesiva en las manos. A algunos se les manifiesta al nacer, pero la mayoría la empieza a notar en la adolescencia, y puede resultar muy incómoda. Mi consejo es higiene, lavar bien las manos, usar talco o traer en la bolsa un pañuelo para secarse antes de saludar.

BRAZOS CRUZADOS

Abre tus brazos fuertes a la vida.
José María Napoleón

El saludo no es lo único que tienes que cuidar cuando utilizas tus manos para comunicarte. Con frecuencia me preguntan acerca del mito de que si alguien tiene los brazos cruzados es porque se cierra a la comunicación, y aunque ciertamente sí es una de las razones, no siempre es verdad. Es fundamental analizar las tres C: **conjunto**, **cultura** y **contexto**, para lograr una lectura más certera de la situación. Aquí te pongo unos ejemplos.

A veces cruzamos los brazos cuando nos sentimos nerviosos, vulnerables o inseguros; con esa postura creamos una barrera que nos tranquiliza y nos protege. Incluso podemos observar que más que cruzar los brazos, parece un autoabrazo que nos conforta.

Lenguaje sin palabras

Otra razón por la que adoptamos esta postura es por imitación inconsciente; nuestras neuronas espejo copian algunos comportamientos de las personas con las que interactuamos.

También es común observarla en individuos que están a punto de explotar, es decir, están realmente enojados y se cruzan de brazos para contener la ira.

Ahora que cuando vemos poses que muestran poder, también es común que ciertas personas crucen los brazos de manera inconsciente, para parecer más grandes y más poderosas. Esta postura es muy usual entre policías o agentes de seguridad.

Otra razón puede ser, simplemente, tener frío.

Y aun cuando vemos que las razones pueden variar, los entrenadores deportivos que saben algo de lenguaje corporal y de programación neurolingüística prohíben este gesto en las interacciones de los jugadores con su equipo, pues, efectivamente, muestra una actitud cerrada, de hermetismo.

Aquí te dejo ocho tips que te ayudarán a leer las manos de los demás y a utilizar las tuyas a tu favor.

1. Si mientras hablas con alguien esta persona mantiene las manos en los bolsillos, significa que no quiere dar la información completa.

2. Si se lleva las manos a las caderas (posición de jarra), está indicando una actitud sutilmente agresiva, ya que quiere aumentar la presencia física. Muchos hombres la usan tanto para establecer superioridad en su círculo social como para aparentar mayor masculinidad en presencia de aquellas mujeres que les atraen.

Las manos

3. Cuando alguien señala con el dedo índice, quiere ponerse delante de otra persona. Al dedo índice se le denomina el acusador y deja el mensaje de "soy superior", es una amenaza.

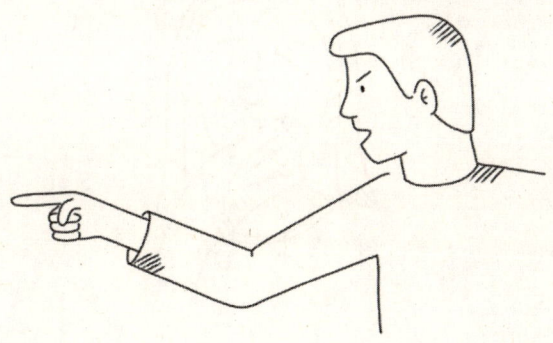

4. Si observamos un movimiento de manos de "cortar" o movimiento de karate, esa persona está delimitando; es decir, tiene su punto de vista y nadie lo puede cambiar.

5. Si se tapa la boca, significa que no quiere hablar: puede haber un engaño o trampa.

6. Ver la palma hacia arriba de nuestro interlocutor nos comunica que no es una amenaza.

7. Ver la palma hacia abajo nos dice que es autoritario. Por ejemplo, Hitler.

8. Dar una pequeña palmadita en las piernas marca el final de una conversación.

4
El movimiento

Los movimientos no sólo los hacemos simplemente por movernos, cada movimiento tiene su propósito, siempre tiene alguna intención.
MARIA MONTESSORI

Todos los jueves, a las 10 de la mañana, me reúno con Selene y otras 10 mujeres en la clínica de ginecología del IMSS. Todas ellas tienen algo en común: un embarazo de alto riesgo que pone en peligro su vida y la de su bebé. Su día consiste en contar las horas ganadas al embarazo, hablar acerca de los riesgos que corren, cuánto tiempo llevan embarazadas y cuánto les falta. Viven en una presión constante deseando que todo salga bien, sin que esto dependa mucho de ellas. Entre pensamientos angustiantes, miedos y pláticas sobre su situación transcurre su día a día.

El nivel de estrés es alto y estar lejos de sus otros hijos y familia lo acentúa, pero saben que, en cualquier momento, se puede desatar una emergencia, por lo que tienen que ser pacientes.

Así transcurren los días en un grado de tensión que se alivia un poco cuando logran distraerse con alguna otra actividad; para ello existe un grupo de voluntarias que trata de canalizar esa ansiedad y sacar provecho del tiempo que pasan ahí. Orgullosamente soy parte de ese grupo. Durante una hora les imparto una clase de baile, pero no cualquier baile, se trata de una clase que se hace sentada. Es una técnica que inventó mi mamá, quien era maestra de jazz y tap. Ella se dio cuenta de que había personas que, fuera por la edad o por alguna limitación física, ya no podían pararse, pero querían seguir disfrutando del baile y la música. Con esa idea nació el *sit & dance* o bailar sentados.

La clase consiste en moverse al ritmo de la música desde su silla. A pesar de no ponerse de pie, se hacen estiramientos, la sangre irriga a todo el cuerpo y la energía se transforma. Pongo música y las hago moverse a distintos ritmos: inmediatamente corrigen su postura elevando el cuello, su semblante se renueva y entonces comienzo a ver sonrisas.

Selene es de Chiapas y le encanta bailar; además lo hace muy bien, pero cuando tenía 27 semanas de embarazo se enteró de que éste era de altísimo riesgo y asistió a la clínica, fue ahí cuando la conocí. Era tanto su miedo por la posible pérdida de su bebé que su cuerpo se encorvó, sus brazos permanecían cerrados protegiendo su vientre, le dolía la espalda y el cuello por la postura tan rígida que adoptaba y le costaba moverse.

El *sit & dance* ayuda a corregir la postura, estirar los músculos, favorecer la circulación y, por si fuera poco, provoca un gran beneficio emocional al cantar y llevar el ritmo, pero lo más importante es que logra que pongan su atención en cosas positivas. Al ritmo de Celia Cruz —*oye, abre tus ojos, mira hacia arriba*—, estas mujeres realmente ven las cosas buenas que tiene la vida.

Bailan, cantan, vibran y no hay espacio para el estrés, por una hora. Al final me cuentan que se sienten completamente diferentes y se les nota más ágiles y flexibles. La flexibilidad en el cuerpo y la movilidad también ayudan a que el pensamiento sea más maleable y adaptable a los cambios. El resultado es liberador, porque además de bailar "La macarena" y mejorar la coordinación, es increíble ver cómo sus posturas se transforman y su estado de ánimo cambia por completo. Salen más erguidas, más fuertes, más flexibles, más cómodas y alegres.

LA POSTURA

> *El lenguaje corporal moldea nuestra identidad.*
> AMY CUDDY

Cuando mueves el cuerpo y llevas un ritmo, toda la musculatura fluye y libera emociones estancadas, de esta forma te sientes más ligero. La sangre se mueve, el aire entra y sale de los pulmones. No hay duda, estamos hechos para movernos.

Por eso la postura es sumamente importante: no sólo para comunicarse sino para manejar los estados de ánimo y las emociones. Es la expresión de nuestro estado interior y un potente indicador de la predisposición a la acción.

La postura muestra el grado de interés y apertura hacia los demás, que se reflejan en la exposición y orientación del torso.

Recientemente, Nikolaus Troje, fundador y director de Bio-Motion Lab en Canadá, hizo un experimento interesante: colocó sensores a varias personas por todo el cuerpo para registrar sus movimientos. El estudio arrojó algo curioso: aquellas personas que se sentían seguras, poderosas y felices expandían su postura, utilizaban movimientos más amplios y ocupaban más espacio.

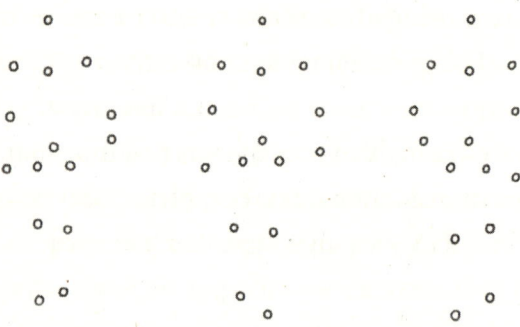

Por el contrario, aquellas personas que estaban estresadas o que venían de recibir alguna mala noticia, encogían su postura y su cuerpo para ocupar menos espacio.

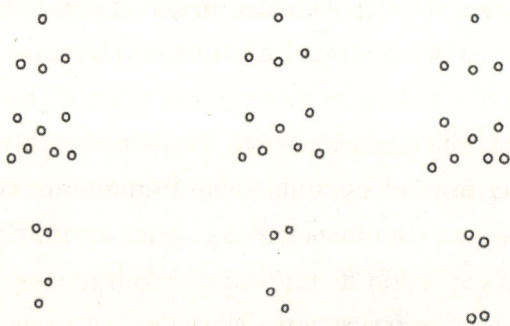

Tu actitud determina cómo te mueves y posicionas. Cuando vemos a una persona que se mece o mueve constantemente, nos transmite inestabilidad física y emocional, y denota ansiedad.

Cuando estaba en la universidad, había un muchacho que tenía un gran carisma y llamaba mi atención y la de muchas otras mujeres. ¿Por qué lo considerábamos atractivo? En realidad, no tenía ni los mejores rasgos faciales ni un cuerpo que resaltara, pero tenía una postura y una seguridad que cautivaba; después de analizarlo y ver sus fotos, ahora lo entiendo. Él tenía posturas alfa, ocupaba mucho espacio cuando se paraba e incluso sentado, abría los brazos y se sentía su presencia. Esa seguridad era parte de su carisma.

Es valioso recalcar que la postura no sólo está asociada al carisma, sino también a los estados de ánimo.

Las emociones llegan a tu cuerpo sin avisar ni pedir permiso y provocan que los neurotransmisores generen una respuesta en toda la química y la musculatura, cambiando el centro de equilibrio y la disposición de todo el organismo. El cuerpo transmite qué emoción estás sintiendo por varios canales, como la mirada, las manos y la postura.

Con sólo mirar cómo está parada o sentada una persona, puedes darte una idea de si está triste, alegre, cansada, entusiasmada, etcétera. Por otro lado, si se trata de un cliente, puedes saber a través de su postura qué tan comprometido está en la negociación. Por ejemplo, observa hacia dónde gira sus hombros y sabrás hacia dónde va su interés para determinar si está de acuerdo con tu oferta o es hora de hacer cambios.

Es bien sabido entre abogados que, en una discusión, el que se echa para atrás en la silla pierde.

Tú mismo habrás notado que cuando estás triste o te sientes inseguro el cuerpo pesa y los brazos y piernas se cierran, se repliegan. En cambio, cuando estás contento, seguro o entusiasmado, te abres y quieres ocupar más espacio.

Los buenos actores de cine y televisión, cuando tienen que emular una emoción, lo hacen primero adoptando la postura correspondiente a dicha emoción y la conectan con el mensaje que deben transmitir para ser más creíbles.

Así como el estudio de Nikolaus Troje, se han hecho muchos experimentos al respecto para observar cómo el cuerpo refleja la emoción que está presente en ese momento. Incluso se ha demostrado que, si cambias la postura, el cerebro no distingue si fue real o planeado y responde con un cambio de actitud.

En inglés existe la expresión *fake it until you make it* (actúalo hasta que lo logres) y se usa mucho en los entrenamientos deportivos. Se refiere a que, si te sientes muy inseguro y empequeñecido, engañes al cuerpo y al cerebro adoptando una postura de seguridad y confianza, sonriendo. Al cabo de unos minutos te sentirás mejor y modificarás tu actitud.

Como ya mencioné, el cerebro no distingue entre imaginación y realidad, por lo que cuando sientes miedo o tienes un ataque de pánico el cuerpo no sabe si el peligro es real o vive en tu imaginación y se pone en modo supervivencia: el sistema nervioso activa al sistema nervioso autónomo a través de la vía simpática liberando adrenalina, la cual es un neurotransmisor que hará que tus pupilas se dilaten, que tu corazón lata más fuerte y más rápido, que tus pulmones se oxigenen mejor y que los músculos reciban más sangre oxigenada. Como el cuerpo se siente en peligro, piensas más rápido, tienes más fuerza, aumenta tu atención y produces con más facilidad respuestas de supervivencia que provienen del área del cerebro reptiliano: huir, correr o pegar.

¿Cómo podemos saber que una persona está en ese estado? Sus ojos se abrirán más; la piel palidecerá, porque la sangre se fue a los músculos y a los órganos vitales, y posiblemente se chupará los labios, porque las mucosas se resecan al no recibir la cantidad normal de sangre.

El movimiento

¿Recuerdas que Donald Trump no soltaba su botella de agua al enfrentarse a Hillary Clinton en los debates? Él sabía que ella tenía más preparación, por lo que compensaba esa ansiedad tomando mucha agua.

Otra área importante a observar es el abdomen. Aunque una persona diga que se siente bien, una respiración fuerte y agitada que se origina en el diafragma la puede contradecir. Éste es un tip muy útil para los psicólogos o terapeutas, quienes constantemente están descifrando las verdaderas emociones de sus pacientes y saben que, muchas veces, la verdad está en lo que no les dicen.

Las manifestaciones del cuerpo son naturales, ayudan a sobrevivir y pueden salvarte, ya que desencadenan reacciones adecuadas ante circunstancias de peligro, por ejemplo, si alguien te hostiga para hacerte daño, que haya un sismo y vivas en el piso 29 o hasta si te persigue un león. El problema ocurre cuando generamos todas estas reacciones sin la presencia de una amenaza real, como cuando le tenemos miedo al avión, sentimos nerviosismo por la sobrecarga de trabajo o cuando nos da pánico hablar en público.

El cuerpo no pregunta, genera respuestas, y el resultado de una emoción como el miedo constante es desgaste físico, y a largo plazo puede ocasionar deterioro en el hipocampo que es una estructura en el cerebro que se vincula con la atención y la memoria.

De ahí la importancia de comprender nuestras emociones, de saber nombrarlas, entenderlas y aprender a manejarlas. Para esto, empezar con la postura es un muy buen comienzo. Las emociones van modificando la posición del cuerpo, pero cuando una se queda instalada por mucho tiempo o de una forma intensa, provoca desequilibrio, tensión y dolor muscular.

Lenguaje sin palabras

Todos hemos sentido miedo, tristeza, rabia, eso es seguro; el problema es cómo reconocer esos miedos, esos enojos y esas tristezas para valorarlos y darles una salida. Pareciera que es más fácil ignorar o negar lo que sentimos y seguir adelante. Las personas que reconocen sus emociones, las viven y las dejan ir son más auténticas, tienen mayor equilibrio en su vida y padecen de menos dolores físicos: son más sanas en todos los sentidos. En cambio, aquellos que se la pasan negando y suprimiendo las emociones se enferman constantemente y les duele todo.

A lo largo de mi vida he visto cómo algunas personas bailan su tristeza, su duelo y su rabia. Es una forma de canalizar y dar salida a las emociones. El problema es que muchos desconocen cómo hacerlo, porque temen permitir que sus emociones afloren. El miedo los paraliza. Es vital aprender a perderle el miedo al miedo.

Cuando murió mi mamá a sus 80 años, fui al gimnasio al día siguiente; todos me preguntaban: "¿Qué haces aquí?". Y simplemente respondía: "La vida es movimiento y, para mí, es importante moverme para sacar mi tristeza, mi duelo y sentirme mejor".

A veces mi energía disminuye, porque las emociones la consumen, pero basta con salir a caminar para darle espacio al cerebro racional y que tome una perspectiva diferente del problema. Claro, esto va con mi temperamento, otras personas encuentran un espacio para restablecerse en la lectura o la pintura.

En conclusión, la postura afecta cómo nos sentimos y cómo nos sentimos afecta la postura. La computadora, el teléfono o manejar por horas nos hace encorvarnos, y de pronto un espejo nos recuerda que debemos enderezarnos.

En los talleres que imparto hablamos de las tres A de la postura.

Para mejorar tu postura ayúdate con los hombros:

- Arriba
- Atrás
- Abajo

Y así logras posicionar mejor tu cuello y espalda. Recuerda, visualmente la postura tiene una gran incidencia en tu imagen personal, sobre todo para transmitir confianza, estabilidad y seguridad.

Mantén la cabeza en alto, con confianza y mira hacia adelante, no por encima ni lejos de las personas, tampoco a sus pies. Estira el cuello y la espalda para ganar unos centímetros extra de altura y mostrar que no tienes miedo a la confrontación, incluso mejorarás tu respiración.

Todos los movimientos o posiciones del cuerpo tienen funciones de adaptación, de expresión o de defensa, unas son conscientes y otras inconscientes.

Reconocer las emociones a través de las posturas y sus síntomas en el cuerpo es el primer paso para entenderlas y gestionarlas. El cuerpo puede ser nuestro aliado para influir en cómo nos sentimos.

Algunos puntos importantes a recordar sobre la postura:

- Cabeza y mirada baja se asocian a la tristeza, la decepción y la inseguridad.
- Nunca encorvarse. Eso muestra fragilidad, derrota, culpabilidad. Una persona jorobada no confrontará.
- Alzar los hombros para mostrar indiferencia o quitarle importancia a lo que decimos verbalmente.

- Posturas expansivas significan satisfacción, actitud proactiva.
- Posturas en contracción son negatividad, pasividad.

LA DISTANCIA

> *El respeto es mayor desde lejos.*
> CORNELIO TÁCITO

¿Has subido a un elevador lleno y te toca estar más cerca de lo que quisieras con personas desconocidas? ¿Adviertes la incomodidad que esto produce?

Si eres muy observador, notarás que las personas bajan o suben la mirada, o sacan su celular para no hacer contacto visual, y así establecen más distancia, aunque sea emocional.

Pero también puede pasar en el trabajo o en una reunión que alguna persona se acerca de más. Hay individuos que se creen con derecho de transgredir el espacio e intimidar para provocar incomodidad y vulnerabilidad en el otro.

Edward T. Hall, el antropólogo que definió el espacio personal bajo el término de *proxémica*, estableció que según lo cercana que es la relación, también hay una distancia justa que nos hace sentir cómodos. La proxémica depende de nuestras preferencias y cultura; por ejemplo, en China, la gente está acostumbrada a tener menos espacio personal, entonces en una fila los chinos no se incomodan de que alguien más los toque o respire cerca de su oreja. Mientras que, en otras culturas, como la estadounidense, cuando se pasa cerca de alguien se espera que digas "con permiso", porque se está invadiendo su espacio personal. Los británicos o los japoneses son menos tolerantes hacia la proximidad corporal que los hispanoparlantes o los habitantes de naciones árabes.

Este espacio vital, que varía con la cultura, es como una burbuja que te rodea y delimita la frontera entre el área que te corresponde y que nadie debe de ocupar sin tu permiso y el resto del mundo. Si se transgrede esa distancia, te sentirás violentado en algo que sientes como tuyo. Esa burbuja tiene sus concesiones de acuerdo con la situación que se presente. Edward T. Hall, en su libro *La dimensión oculta*, retomó las cuatro distancias básicas:

- Entre 15 y 45 cm: *íntima*, es la distancia de contacto directo estrecho, donde puedes hasta percibir el olor a perfume del otro. Se reserva para tu pareja y la familia.
- Entre 45 y 120 cm: *personal*, se usa en la oficina, fiestas o conversaciones de trabajo. Es la distancia que mantenemos con conocidos y colegas.
- Entre 120 y 360 cm: es la distancia *social* que nos separa de los extraños o los nuevos colegas.
- Más de 360 cm: *pública*, es común al dirigirse a un grupo de personas. Se utiliza en las conferencias, clases o charlas.

Recuerda que nadie puede entrar en la distancia íntima ni personal sin tu permiso.

Lenguaje sin palabras

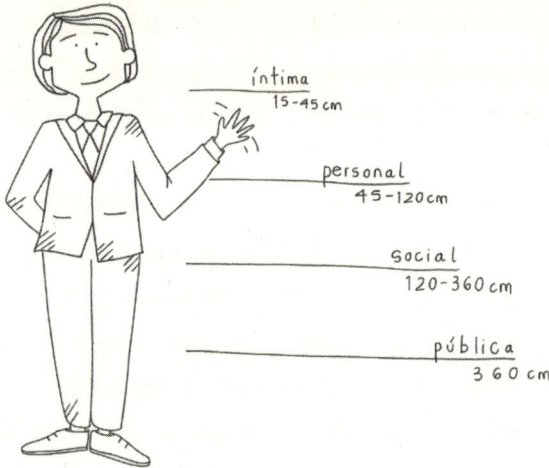

Estas zonas parecen estar integradas en el "cableado" de nuestro cerebro que, antes que nada, ve por nuestra supervivencia. En la región límbica, en particular en la amígdala, es en donde se registran las amenazas que se activan automáticamente cuando alguien cruza esos límites.

Más allá del simbolismo cultural, en cualquier parte del mundo vemos que la cercanía radica en el vínculo, conexión, afecto, interés, relajación y, más que nada, nivel de confianza. Cuando alguien nos produce disgusto, rechazo, control y tensión, nos alejamos.

Observa tus fotos de la reunión de trabajo o de la última fiesta de Navidad, el lenguaje de la distancia está diciendo mucho. ¿A quién te acercas? ¿A quién rechazas y con quién quieres poner distancia de por medio?

- La distancia física con el otro refleja la distancia mental, ideológica y sentimental con esa persona.
- La distancia comunica si algo nos agrada o nos produce disgusto.

- Reclinarse para distanciarse de una persona es común cuando escuchamos algo que no compartimos.
- Apartamos la silla hacia atrás, alejándonos de la mesa, cuando no estamos convencidos de lo que ahí se habla.
- Cuando estamos interesados, inclinamos el torso hacia adelante; aunque, si acentuamos esta postura, podemos intimidar.
- Si alguien coloca algún objeto como un portafolio, bolsa o papeles frente al vientre, los está utilizando como barrera, pues se siente vulnerable.

LA EMPATÍA

Si hay un secreto del buen éxito reside en la capacidad para apreciar el punto de vista del prójimo y ver las cosas desde ese punto de vista, así como del propio.
HENRY FORD

En 1996 ocurrió un descubrimiento casual e increíble. El equipo de Giacomo Rizzolatti, de la universidad de Parma, Italia, estudiaba la acción de las neuronas motoras en los monos macacos a través de un implante en el cerebro de un equipo de electrodos que registraba el impulso eléctrico de dichas neuronas. La gran sorpresa fue que cuando un mono se iba a comer un plátano, otro mono, que lo observaba, generaba la misma actividad neuronal que el que se lo estaba comiendo. Esa observación derivó en el descubrimiento de la raíz de la empatía: las neuronas espejo.

Estas células nos permiten imaginar en nuestra mente conductas ajenas, copiarlas y sentirlas como si fueran propias. Estas redes neuronales se activan de forma involuntaria; por ejemplo, cuando bostezamos después de ver a alguien bostezar. Hay quienes tienen más desarrolladas sus neuronas espejo que otros. Hay quienes fácilmente pueden reconocer el estado emocional de los demás y quienes, simplemente, no lo captan. En el caso del autismo, se estudia si existe una relación entre un sistema de neuronas espejo dañado y los rasgos del espectro autista, que se caracterizan por el aislamiento de quienes lo padecen.

Puede resultar muy valioso saber cómo se sienten los demás, ya sea para socializar (empatía emocional) o para comprender al otro (empatía cognitiva). La cuestión de la segunda es que puede ser mal utilizada por personas que detectan los estados emocionales de los demás (los puntos débiles) y los utilizan para manipular.

Cultivar y usar bien esta capacidad facilita comprender las emociones de los otros. El problema es encontrar ese equilibrio entre nuestro narcisismo de ver hacia adentro y la empatía de ver y entender al otro. Sentir empatía por alguien no significa estar de acuerdo en todo, es entender y abrir los canales de comunicación.

Desde el momento en que nacemos tenemos, a diferencia de los animales, la necesidad psicológica elemental de ser vistos, de sentir que valemos y que somos importantes para alguien. Necesitamos que la gente nos mire para sentirnos vivos.

No es magia ni mucho menos brujería, la empatía se basa en la capacidad y habilidad de captar con precisión las emociones del otro a partir de su lenguaje no verbal. Hay quienes lo hacen de forma natural e instintiva, pero es una habilidad que se puede aprender y desarrollar. No se logra repentinamente, porque es un proceso que requiere autoconocimiento y sensibilidad para conocer y tratar de comprender al otro.

Hay un tipo de empatía en la que cuando dos o más personas logran conectar con sus emociones, también lo hacen con su lenguaje corporal. A esto se le llama *rapport* y es un tipo de sintonía que se logra a través de los movimientos y el tono de voz de las personas con las que nos sentimos en armonía.

EL *RAPPORT*

> *La danza es el lenguaje oculto del alma.*
> Martha Graham

En cuanto al lenguaje sin palabras del *rapport*, muchas personas me han preguntado qué es y si se puede producir de manera intencional.

Cuando dos personas conectan de verdad, tienden a imitarse de forma inconsciente, coloquialmente solemos decir que "hay química".

¿Alguna vez has notado cómo se mueven y cómo se ven dos personas cuando hay muy buena química entre ellas? Por ejemplo, dos niñas que son amigas conviven mucho tiempo, y cuando juegan o platican se mueven como "espejeándose" sus movimientos.

El *rapport* ayuda a generar ambientes de cooperación, muy útiles en la psicoterapia y en la enseñanza. La buena noticia es que se puede producir de manera intencional y genera los mismos efectos de armonía sobre la comunicación. Para hacerlo, debemos entender el *rapport* como una retroalimentación no verbal y un elemento indispensable en la escucha activa, es decir, en la escucha intencional y efectiva.

Una amiga psicóloga me contó que utiliza el *rapport* conscientemente para conectar con sus pacientes. Si alguien llega muy triste a consulta y comienza a contarle sus problemas mirando hacia el suelo, con una voz lenta, pausada y baja, con su mano derecha sobre su mejilla derecha y tomando un largo suspiro al final de la frase, ella trata de dar validez a los sentimientos de la persona entendiendo y hablando en el mismo tono, con una voz lenta, pausada y baja, y espejeando sus movimientos para hacerla sentir cómoda.

Daniel Goleman lo describe así en *La práctica de la inteligencia emocional*: "Cuando dos personas empiezan a hablar, inician una especie de danza rítmica sutil que los lleva a sincronizar de inmediato sus movimientos, sus posturas, su tono de voz, el tiempo que hablan y hasta la longitud de las pausas existentes entre el mensaje de uno y la respuesta del otro".

Una extraordinaria forma de saber cómo se siente una persona es imitar sus movimientos. Yo lo uso mucho cuando estudio los videos de personajes como Andrés Manuel López Obrador y quiero saber cuál es la emocionalidad detrás de sus gestos: imito todos sus movimientos corporales e inmediatamente puedo saber si está enojado, estresado o inseguro.

El expresidente Obama comprende muy bien el poder persuasivo del *rapport* y cada vez que interactúa con algún mandatario procura espejearlo y crear sintonía. En la convención demócrata para la proclamación de Hillary Clinton como candidata a la Casa Blanca, la agencia de noticias Reuters nos dejó una imagen que decía más que mil palabras: el fotógrafo capturó justo el instante, esa fracción de segundo en la que los dos cierran los ojos, un reflejo involuntario que habla de la complicidad en ese momento. Ocurrió la magia de la empatía y el mayor ejemplo de un líder persuasivo que sabe contagiar emociones.

No hacía falta que Obama hiciera mayores declaraciones, con ese medio abrazo, cerrando los ojos, hay un *rapport* perfecto entre los dos, lo que manifiesta un apoyo y respaldo completo hacia la candidata por parte del entonces presidente. Básicamente, ambos sienten lo mismo en ese momento y lo expresan con espontaneidad. El efecto de esa aparición fue muy fuerte, debido a que se mostraron emocionados, en sintonía y no hubo necesidad de grandes discursos verbales para mostrar su unión y apoyo. Lo más sorprendente fue que al verlos abrazados y cómodos juntos se activaron las neuronas espejo del público, se contagiaron las sensaciones y todos los presentes acabaron experimentando las mismas emociones.

Si eres consciente de esta herramienta social tan poderosa y logras desarrollar *rapport* en aquellas interacciones sociales que te interesan, serás capaz de conectar mejor con las personas y podrás:

- Ganarte a los empleados desde el primer día.
- Conseguir una segunda cita con esa persona que te interesa.
- Generar química, convencer y persuadir.

Puedes generar *rapport* de las siguientes maneras:

Lenguaje sin palabras

- **Haz contacto visual.** Para ello es importante ponerte a la misma altura que tu interlocutor. Si es un niño, agáchate hasta que los ojos de ambos queden al mismo nivel.
- **Sé proactivo.** Trata de imitar su postura, copia sus gestos, usa el mismo tono y volumen de voz.
- **Fluye.** Esto es una danza, trata de no ser rígido y verás cómo, al imitar los movimientos del otro, será más fácil entender lo que siente.

5
Los pies

Cuando una mujer sabe a dónde va, el mundo entero se aparta para darle paso.
Bertrand Russell

Cuando hablamos de lenguaje no verbal, se cree que la mayor información viene de la cara, del contacto visual o de las manos, pero en realidad las partes más honestas del cuerpo son las piernas y los pies. Son los que constantemente están revelando tus verdaderas intenciones.

Muchas personas cuando están nerviosas tratan de controlar la cara y las manos, pero olvidan los pies. Debido a que nuestra mente racional tiene menos control sobre ellos, al estar más alejados del sistema nervioso central (el cerebro), los sentimientos internos se expresan con mayor libertad. Esto tiene un origen evolutivo: desde el hombre primitivo, sus pies eran su modo de moverse y de sobrevivir. En lo particular, este tema me apasiona, porque el estudio del lenguaje no verbal va de la mano del estudio del cerebro, debido a que gran parte de la comunicación no verbal tiene mucho de inconsciente. No hay un solo movimiento corporal que no se origine en el sistema nervioso central.

Hoy en día el estudio de neurociencias, con tantos aparatos y tecnologías tan novedosas, nos explica cómo funciona nuestro cerebro y por qué respondemos como lo hacemos.

Una vez que el cerebro percibe que estamos en peligro, manda señales por el sistema simpático para que se generen neurotransmisores como la adrenalina y el cortisol que nos ayudan a reaccionar rápidamente.

El modelo de Paul McNeal divide al cerebro en tres partes: reptiliano, límbico o emocional y neocórtex.

La zona reptiliana, que tienen los humanos desde hace 600 millones de años, es el tallo del cerebro que se concentra en sobrevivir, ver por las necesidades más básicas y mantenerte con vida. Ya sea para defenderte o para procrear, el cerebro reptiliano te lleva a la acción.

La segunda zona, el cerebro límbico o emocional, se desarrolló hace 200 millones de años y se compone de hipotálamo, tálamo, amígdala e hipocampo. Esta parte la compartimos con los mamíferos. El reptil no tiene memoria, el mamífero sí, lo cual le permite recordar y aprender.

Finalmente, la neocorteza se desarrolló hace 50 millones de años y es la parte del cerebro que nos permite ser más racionales. Ahí se encuentra la base neurálgica de la empatía, el lenguaje, la cooperación y la compasión. También se regulan las emociones que, al pensar en ellas, se convierten en sentimientos.

Un cerebro estresado no puede tomar decisiones, incluso hubo una campaña televisiva en la que se pretendía evitar las agresiones por estas respuestas explosivas y que decía: "Cuenta hasta 10". Con este lapso lo que sucede es que puedes respirar, oxigenarte y tomar una decisión más racional.

La base de la inteligencia emocional parte del concepto *conócete a ti mismo*, tal como decía Sócrates, ya que es básico para aprender a autorregularte. Cuando te alteras, reaccionas y no siempre de la mejor forma. Así es como, muchas veces, surge el arrepentimiento por lo que dijimos o hicimos; hay personas a las que realmente les cuesta trabajo detenerse y pretextan: "Es que soy de mecha corta". Es muy importante hablar sobre tus emociones porque les das otra dimensión. Por ejemplo, el miedo es una emoción que nos paraliza, pero cuando lo identificamos y lo nombramos activamos la parte derecha ventral de la corteza prefrontal; con ello, disminuye la actividad en la amígdala pues llevamos sangre a otras partes del cerebro y así desactivamos el circuito paralizante del miedo y la sensación de amenaza.

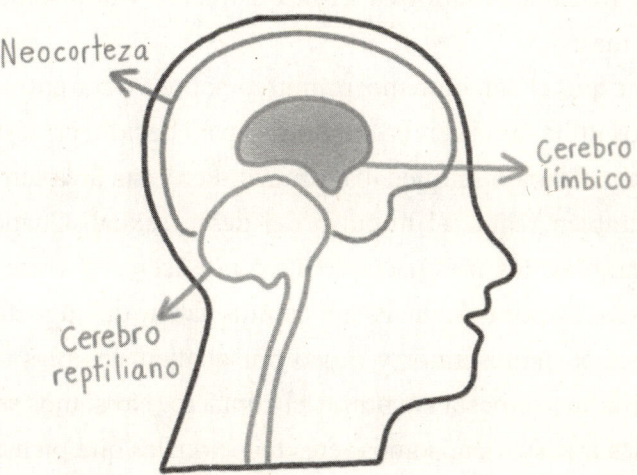

Necesitamos darles salida a las emociones, no rechazarlas ni juzgarlas, simplemente aceptarlas y vivirlas de la mejor manera, ya sea riendo a carcajadas o con lágrimas que drenan. El mejor consejo cuando tenemos un "secuestro amigdalar" o un arrebato de emociones es tomarse unos minutos, salir a caminar, respirar y entonces elegir cuál será la mejor respuesta.

En concreto, el cerebro reptiliano regula la digestión, el ritmo cardiaco, los patrones de sueño, la temperatura corporal; de ahí surgen los comportamientos instintivos y las funciones de supervivencia con respuestas autónomas conocidas como las tres F, por sus siglas en inglés: *flight, fight, freeze*. Huir, pelear o quedarse inmóvil son respuestas automáticas, no se piensan. Es el principio de supervivencia, por eso, aunque en un serpentario estemos protegidos por un cristal, si se acerca una víbora brincaremos y nos trataremos de alejar.

La parte límbica registra y gestiona las emociones, la compartimos con los mamíferos, tiene memoria y puede aprender.

El área racional es en donde se toman las decisiones; se especializa en manejar la lógica, el razonamiento y la resolución de problemas.

Para que el ser humano primitivo sobreviviera entre tantos peligros utilizaba el cerebro reptiliano para decidir, en segundos, si huía, peleaba o se quedaba inmóvil. Pero esta área tan primitiva también regula el impulso del deseo sexual. Cuando nos enamoramos, los pies hacen lo suyo por acercarse a ese objeto de deseo. Es por eso que es tan común hablar del jugueteo bajo la mesa: si sientes amor y deseo por alguien, los pies tratarán de aproximarse hasta encontrar el contacto. No somos seres racionales que sienten, somos seres emocionales que piensan. Las emociones son como un elefante y el domador es la razón.

En general, el ser humano está programado para acercarse a lo que quiere y alejarse de lo que no desea o lo que le representa algún peligro. Cómo alguien sitúa sus piernas puede darte algunas pistas valiosas sobre la comunicación no verbal, ya que te estará revelando información sobre sus verdaderas intenciones.

Las piernas muestran nuestro nivel de energía y cómo nos sentimos. Cuando nos rebasa la tristeza o estamos decaídos, las piernas se mueven más despacio y parecen más pesadas. Cuando estamos nerviosos, cruzamos las piernas y movemos el pie, esto es una salida o una fuga de energía, es un movimiento adaptador que nos ayuda a autotranquilizarnos. En algunos interrogatorios, se ha observado que la persona a la que se encuesta cruza la pierna como protección, incluso cuando se siente más vulnerable levanta la punta del pie como para crear una barrera de protección.

Entre los políticos y los artistas podemos observar cómo, al estar de pie, colocan sus piernas un poco más separadas de la apertura de los hombros, mostrando dominancia y territorialidad, lo cual da una imagen más sólida y masculina. Algunos la denominan de "macho alfa", que representa al jefe del grupo. Piensa por un momento cómo se paran los policías o soldados en posición de atención.

Si un hombre se para con los pies más separados, mantiene la columna derecha y mira al frente, da una imagen de confianza y poder. Por ejemplo, me viene a la mente la imagen de James Bond.

La forma en cómo colocamos las piernas muestra nuestra relación con el espacio. Juega a observar los pies de las personas que se encuentran a tu lado en un restaurante o café. ¿Alguien tiene un pie adelantado o más avanzado? Hacia donde se dirige esa punta es la persona que él o ella considera más interesante o atractiva. En otras palabras, cuando estamos de pie, las puntas se dirigen al lugar o persona donde tenemos puesto el foco de atención.

Recuerdo cuando daba clases en la universidad, era curioso cómo, a medida que se acercaba la hora del descanso, la mayoría de las puntas de los pies de los jóvenes se dirigían a la puerta.

Si quieres que alguien sienta que le estás dando toda tu atención, asegúrate de que tus pies estén dirigidos hacia esa persona. De la misma forma, cuando tu interlocutor apunta con sus pies hacia la puerta en lugar de hacia ti, es una señal bastante evidente de que quiere terminar la conversación.

Mi consejo en una reunión es tratar de poner los pies de frente a la persona con la que hablas. Si alguien llega a integrarse, y lo quieres hacer sentir bien recibido, abre los pies para que sea parte del grupo. Por el contrario, si llega alguien a venderte un billete de lotería y no quieres que te interrumpa, mantén los pies cerrados.

¿Qué imagen te da alguien que se para con las puntas hacia adentro? A mí me hace pensar en algún niño introvertido o tímido, ya que ponerse en esa postura lo hace ver débil, vulnerable. Esta postura es común en personas inseguras. Así que, si pretendes mostrar seriedad y profesionalismo, será mejor que te pares bien, firme, equilibrado y "anclado".

Alguien que tiende a moverse y mecerse requiere escuchar y aprender a manejar sus emociones para que no salgan en el peor momento y lo hagan ver inseguro. Por ejemplo, el otro día asesoraba a un político, quien tenía que dar un discurso. Me preguntó: "¿Qué hago, lo leo o lo digo?". Le respondí: "Siempre es más atractivo escuchar hablar a alguien que escucharlo leer, porque por más que seas buen lector, se pierde la emocionalidad que es con lo que conectamos; además, si no se lee, se puede establecer mejor contacto visual".

Sin embargo, más allá del discurso, lo más importante es cómo lo digas, y eso tiene que ver con lo seguro que te sientas, lo que proyectarás en tu lenguaje no verbal y, por supuesto, con la forma en que utilices tus pies.

Tu nivel de confianza siempre se reflejará en cómo manejas el movimiento de los pies. Si te sientes inseguro, te vas a mecer con ambas piernas, ya que es una manera de manejar el exceso de adrenalina. Si te sientes ansioso y no tienes claro de lo que vas a hablar, respirarás mal y la mala oxigenación provocará un temblor incontrolable en tus piernas.

La regla más importante en este tema es "cree en ti mismo", si tú no crees en ti ni en lo que dices, los demás tampoco lo harán.

Te recomiendo que trates de prepararte muy bien, porque tus piernas pueden ser tus aliadas o tus enemigas. Conoce a la perfección de lo que vas hablar, prepáralo, estúdialo y visualiza antes de hablar en público, que todo saldrá bien, eso ayudará a tu autoconfianza.

TU CAMINAR

> *Céntrate menos en la impresión que das*
> *y más en la impresión que te llevas de ti.*
> Amy Cuddy

Las piernas son una parte vital del discurso porque los pies te pueden delatar; tu confianza se ve reflejada ahí. Por ejemplo, Hitler tenía perfectamente articulados y ensayados, con un asesor frente al espejo, todos sus movimientos de manos, brazos y piernas, los cuales daban poder a su mensaje, por lo que resultaba tan convincente al grado de mover masas. Hoy en día es bien sabido que los políticos ensayan su forma de caminar para entrar y salir de un debate. ¿Qué impresión te da alguien que llega corriendo o alguien que camina pausado? Todo comunica.

En varios estudios que he hecho me doy cuenta de que las personas que se paran de puntas son personas que tienden a querer demostrar que son perfectas; si están sentadas y se paran de puntas, significa que ya se quieren ir.

Tu forma de caminar deja un mensaje en los demás y en ti mismo. Jugadores como Rafael Nadal, que entra a la cancha como toro de lidia, lo hace no sólo para intimidar al contrincante, también para reafirmarse a sí mismo un mensaje de poder.

Andre Agassi también es famoso por su forma de caminar en la cancha: lo hacía muy rápido, con energía y decisión. Él ya tenía en la cabeza la próxima jugada.

A donde vayas, tu manera de caminar deja una impresión en los demás. Cuando pienso en un caminar sexy y con mucha seguridad recuerdo la última pasarela de la modelo Gisele Bündchen en el espectáculo de apertura de los Juegos Olímpicos de Río de Janeiro 2016, al ritmo del tradicional tema "Garota de Ipanema"; recorrió la pista de 100 metros con tal armonía y soltura que el público se quedó pasmado ante su seguridad y belleza.

La forma de caminar puede lograr el efecto de dejar sin palabras a los que estén a tu alrededor. En una visita de Vladimir Putin a Camp Davis, Estados Unidos, para encontrarse con George Bush, hubo un duelo de caminata. Parecía que ambos líderes estaban en un concurso para demostrar quién daba el mejor paso; exagerando sus movimientos tanto en la velocidad como el ritmo y los movimientos de brazos; querían mostrar quién estaba en control de la situación.

La actitud es fundamental a la hora de caminar: puede reflejar tanto poderío como ansiedad y temor. Pasos cortos hacen lucir femenino; pasos demasiado grandes, torpe. Lo mejor es caminar de forma pausada y equilibrada, ya que demuestra perfecto conocimiento de hacia dónde te diriges, geográficamente y en tu vida.

Sentarse también tiene un componente cultural. Entre los europeos es común hacerlo con una pierna sobre la otra, de tal forma que las plantas de los pies miren hacia el piso. En América es más común, sobre todo entre los hombres, formar un cuatro (el tobillo de la pierna va sobre la rodilla de la otra pierna).

Lenguaje sin palabras

Nunca hay que perder de vista el contexto: hay individuos que se sientan así siempre (formando el cuatro), pero si alguien que no lo hace nunca de repente lo adopta, está estableciendo una barrera de protección de forma inconsciente, porque probablemente se siente intimidado.

Otra posición importante de las piernas es el amarre de tobillos; sucede cuando se juntan, y es muy frecuente en personas en verdad incómodas. El 88% de la gente lo hace cuando va al dentista (que es de las cosas más incómodas que existen).

Los pies

Si estás tratando de vender algo y, de pronto, ves que tu cliente cierra así los tobillos, es señal de que se acaba de incomodar; tal vez estés a tiempo de modificar la oferta antes de que se vaya.

Otra conducta que es muy común es brincar de felicidad cuando nos llega una noticia que nos entusiasma, no podemos contenernos y empezamos a saltar.

Aquí te dejo algunos puntos finales para que cuides tu postura y utilices los movimientos de los pies a tu favor:

1. Sé muy respetuoso del espacio vital y procura no invadir con tus pies el espacio de alguien más.
2. Cruzar las piernas cuando estamos parados, solos o con personas, refleja incomodidad; si sentimos miedo, las separamos para prepararnos para la huida.
3. Procura realizar ejercicio físico para tener mejor fuerza, tono y agilidad en las piernas y los pies. Recuerda: son nuestros cimientos.
4. Pararse con pies juntos refleja timidez, inseguridad. Ligeramente separados representa seguridad.

5. ¿Has visto a alguien que cuando permanece sentado no deja de mover las piernas? Se llama síndrome de la pierna inquieta, y es un trastorno de origen neurológico. Es la muestra de cómo nuestras extremidades inferiores tienen una autonomía involuntaria, misma que no ocurre con ninguna otra parte del cuerpo.

6
No es lo que dices, sino cómo lo dices

*Sea como fuere lo que pienses,
creo que es mejor decirlo con buenas palabras.*
SHAKESPEARE

En *El Principito* se dice que "el lenguaje es fuente de mal entendimiento". Qué sabia es esta frase, si pensamos lo difícil que resulta a veces poner en palabras nuestros pensamientos y sentimientos.

Elegir la palabra adecuada que describa mejor cómo nos sentimos puede ser todo un reto, ya que cada persona, desde su historia, le dará un peso específico y diferente a cada expresión.

Las palabras cargan un significado importante, pero la forma de expresarlas tiene una gran relevancia en la comunicación. De hecho, nuestros mensajes nunca son interpretados correctamente al cien por ciento. Por ejemplo, si yo digo que amo a una persona, los demás lo podrán interpretar en distintas dimensiones. Lo que para mí es amar, para otra persona puede ser gustar, querer o estar enamorado.

Además de las palabras, la comunicación se enriquece con muchas cosas. Ahí está la riqueza del lenguaje no verbal. El reto es aprender a leer entre líneas. Si una persona te dice que está muy entusiasmada de trabajar contigo, pero lo hace con voz baja, agachada y con las manos en las bolsas, su lenguaje no verbal lo está contradiciendo. Es difícil fingir entusiasmo.

Por eso, además del currículo, es tan importante la entrevista cuando alguien solicita un trabajo. La forma de presentarse, sentarse, saludar y llevar la conversación es vital para ser elegido.

Es común decir algo con el lenguaje verbal y contradecirse con el lenguaje no verbal: tono de voz, postura o actitud. Si hay una disonancia entre el discurso y los movimientos corporales, créele a los segundos. Se puede mentir con las palabras, pero con el cuerpo jamás.

Por eso te sugiero que antes de ir a una entrevista de trabajo tengas muy claras tus ideas para que no sólo pretendas ser alguien seguro, sino que lo seas. Una entrevista de trabajo no empieza cuando te encuentras con el entrevistador, se origina desde el momento en que te preparas en tu casa para ir a la cita y reflejas todo lo que te dices a ti mismo.

LA VOZ

> *Nada revela tanto el carácter de una persona*
> *como su voz.*
> Benjamin Disraeli

La voz es el envase, el papel de regalo que envuelve nuestro mensaje para llegar a quienes nos dirigimos. Todos la tenemos distinta y con ella revelamos nuestra identidad, nuestros miedos y nuestras aficiones.

La voz, como vehículo de trasmisión del mensaje, tiene una poderosísima influencia en nuestro día a día. Si no conoces bien tu propia voz ni trabajas en ella, puede suceder que el mensaje llegue mal o que no llegue.

El paralenguaje es el conjunto de elementos no verbales de la voz, tales como la intensidad o el volumen, la velocidad, el ritmo y la entonación, que modifican el discurso y su interpretación. El paralenguaje es el vestido de las palabras.

¿Te ha sucedido que alguien te hizo sentir muy mal, pero al repasar la conversación te das cuenta de que no dijo ninguna mala palabra ni te ofendió directamente? Es porque su forma de expresarse fue lo que te lastimó. Como dice Maya Angelou: "Las personas olvidarán lo que dijiste y lo que hiciste, pero nunca olvidarán cómo las hiciste sentir".

El tono de voz cambia de acuerdo a las circunstancias. No es el mismo tono el que usa una mujer cuando juega con su bebé que el que utiliza en su rol de maestra ante un grupo.

La forma de hablar denota si alguien está enojado, impaciente, nervioso o con inseguridad, aunque no se dé cuenta. Está diciendo quién es, qué le gusta y qué no.

Lenguaje sin palabras

Una de las mejores habilidades sociales que puede ayudarte en la vida es tener un correcto dominio de la voz para adaptarla a la persona y situación específica que estés enfrentando.

Es importante aprender a vocalizar correctamente y que las palabras se entiendan con claridad. Hay personas que, ya sea porque no escuchan bien o para marcar territorio, suben mucho su volumen de voz, lo cual es tan invasivo como el que no respeta el espacio vital.

Tengo un amigo que es brillante. Se dedica a ayudar principalmente a personas de la política en sus discursos. Es tan bueno en lo que hace que con frecuencia lo invitan a programas de televisión. Pero tiene un gran problema: sus palabras no se entienden. No se debe a que use un vocabulario muy sofisticado, la cuestión radica en su velocidad al hablar y su mala dicción: habla con la boca semicerrada y no termina las oraciones. A pesar de su gran habilidad para la palabra escrita, tiene una debilidad cuando se trata de expresarse oralmente. La última vez que lo escuché en un programa de televisión como invitado, el anfitrión tuvo que pedirle que repitiera su respuesta hasta cuatro veces, porque en verdad es difícil entenderle.

He ahí la importancia de aprender a comunicarte verbalmente. Saber mucho y no saberlo decir es como no saber nada.

Margaret Thatcher, la *Dama de hierro*, era muy consciente de la importancia de una buena imagen y de cuidar la voz. Al iniciar su mandato su voz era muy aguda, y como todo ese tipo de voces, generaba desconexión y era poco persuasiva. Posteriormente tuvo un asesor que le ayudó a mejorar su forma de expresarse y le enseñó a manejar su tono de voz para hacerla más grave. En YouTube se puede ver cómo, con el tiempo, logró modificarla.

La voz puede instruirse para que avale lo que queremos transmitir y ser más creíbles y persuasivos. La misma palabra, dicha con diferentes tonos de voz, significa cosas completamente diferentes.

Recuerdo perfecto que cuando mi mamá hacía un tono más cantarino al decir "Bárbaraaaa", era para pedirme un favor; sin embargo, cuando lo decía en tono tajante, fuerte y seco, significaba que ahí venía un regaño: ¡BÁRBARA!

Si conoces bien a alguien, desde el tono de voz puedes saber cómo se siente. Cuando le preguntas: "¿Cómo te fue?", y te responde: "Bien", sabrás, sólo con escuchar su tono de su voz, si te está diciendo la verdad o te está ocultando información. Esa particularidad se pierde con los mensajes de texto, en los que, si no se agrega un emoticón, no se sabe en realidad qué emoción está sintiendo el emisor del mensaje.

¿Te has preguntado qué tan agradable o desagradable es tu propia voz? Si es incómoda, seguro nadie te lo va a decir, así que más vale que tú te des cuenta.

Esfuérzate para que sea atractiva. No es cuestión de que trabajes duro como un actor de doblaje, pero sí que desarrolles la capacidad de darle color a tu voz y juegues con algunos matices que la enriquezcan.

Para esto es importante saber cuáles son los componentes de la voz:

1. **Volumen:** es el nivel de intensidad con el que se emite un sonido. Si tu volumen es adecuado, la gente no se tendrá que acercar a ti para decirte: "¿Me puedes repetir lo que dijiste?". Tampoco se alejará de ti, porque hablas muy fuerte y causas molestia. Variar el volumen cuando hablas es una

de las mejores herramientas para comunicarte y para mantener la atención de los que te escuchan.

¿Y de qué depende? De nuestra respiración, es la fuerza con la que lanzamos el aire a las cuerdas vocales. La fuerza depende del diafragma.

Para ser creíble, la intensidad de voz debe de ser congruente con el mensaje. Si dices que estás triste, tu voz no debería tener una alta intensidad; si, por el contrario, vienes a dar una noticia feliz, la intensidad de tu voz debe ser más elevada, y de esta forma habrá congruencia y credibilidad en lo que dices.

El punto es que tienes que darle variación a tu voz para no aburrir. Cuando vas a decir lo más importante del mensaje, un buen tip es bajar la voz para provocar que te pongan más atención.

2. **Ritmo:** es la velocidad con la que hablas.

Invariablemente hablarás rápido o lento. Por ejemplo, cuando estás aburrido o desganado, lo haces más lento; cuando estás entusiasmado, más rápido.

Para que a alguien se le considere creíble, tiene que usar una velocidad con tendencia acelerada. Las personas que hablan un poquito más rápido de lo habitual son percibidas como más inteligentes, más dinámicas, más extrovertidas. Ojo, sin llegar a extremos, porque ya sabemos lo que puede pasar, como a mi amigo el de los discursos. Si hablas demasiado rápido, pierdes claridad y puedes poner nervioso a tu interlocutor.

El mejor consejo es variar la velocidad; el contraste ayuda a poner más atención. Lo más importante se dice lento, lo que no es importante se dice rápido.

3. **Tono:** puede ser grave o agudo, depende de las cuerdas vocales, de su grosor y su condición. Los hombres, en general, tienen un tono de voz más grave que las mujeres. Se considera más atractiva a la persona que tiene un tono de voz más grave. Margaret Thatcher no podía ser la *Dama de hierro* con voz aguda, ¿verdad?

    Si tu voz carece de variación de tonos, tu discurso será monótono y será difícil sostener la atención de los que te escuchan.

    Yo trabajé con una persona muy inteligente y preparada que aspiraba a un puesto político de gran relevancia. Su problema era que, cinco minutos después de que comenzaba a hablar, todo el auditorio mejor sacaba su celular. Mucha gente que lo escuchaba decía que le faltaba *punch*; en realidad lo que necesitaba era variar su tono de voz.

4. **Timbre:** es la característica típica de tu voz, resultado de la suma del sonido que sale de las cuerdas vocales y el que sale de la caja de resonancia (la cara), que depende del tamaño de la boca y de la nariz. Por eso cada voz es única: grave, ronca, nasal o áspera. Para que resuene muy bien, abre bien la boca al hablar.

Hablamos como somos. Las personas a las que la voz se les muere al final de una oración por lo general sufren de baja autoestima o no están muy convencidas de lo que están hablando, sienten que lo dicho carece de importancia y por eso su voz se va desmayando o apagando.

Parece increíble, pero hay personas que no saben respirar y cuando hablan se les acaba el aire. Esa voz refleja dejadez, falta de control y falta de energía para llegar al final de su idea.

Si conoces a alguna persona que se comunique de esta forma, puedes concluir que quizá no se compromete con las metas, lo que se refleja en su estilo de vida: empiezan bien todo, pero no terminan nada.

Cómo utilizar la voz a tu favor:

- Si quieres expresar alegría: usa intensidad alta, tono agudo, timbre abierto (sonreído) y ritmo rápido.
- Si vas a expresar tristeza: usa intensidad baja, tono grave (boca cerrada) y ritmo lento.
- Si quieres ser creíble: habla con energía, utiliza un tono grave y un ritmo un poco más rápido de lo normal.

Conclusión

El principio más profundo del ser humano es el anhelo de ser apreciado.
WILLIAM JAMES

A estas alturas de mi vida, me llega muy profundo una frase de Mario Benedetti que dice: "Cuando creíamos que teníamos todas las respuestas, de pronto, cambiaron todas las preguntas".

En mi experiencia personal y profesional he aprendido que hay muchas cosas que aún no sé y hay otras, en las que creía al cien por ciento, que ahora pongo en duda. Pero hay algo que para mí es una verdad absoluta y es: *el lenguaje sin palabras es determinante para el éxito o fracaso en tu vida, en tu trabajo y en tus relaciones.*

¿Cuántas veces te ha pasado que alguna persona te dice "sí", pero sientes que realmente dijo "no"? ¿Cuántas veces te han dicho que quieren estar contigo, pero notas su impaciencia en el constante movimiento de la pierna?

En mis conferencias me gusta siempre cerrar con un video de la BBC, el cual provoca que la gente se lleve la mano a la boca en señal de asombro y genere suspiros de incredulidad.

Lenguaje sin palabras

En el video están 15 hambrientos leones devorando una cebra que acaban de cazar. A lo lejos los observan tres cazadores de la tribu masái: delgados, con ropas sencillas, pero con miradas determinantes. Su única arma es una vara de madera que pareciera ser una lanza, pero no lo es. En medio del festín de estas hambrientas fieras los cazadores deciden entrar a su territorio a robarles su comida, el premio de la caza. ¿Cómo es posible que tres hombres, aparentemente indefensos, cometan la locura de enfrentar CARA A CARA a 15 leones hambrientos?

Esperan el momento preciso y se deciden a asaltarlos. Los cazadores se ponen de pie y caminan con toda determinación hacia donde se encuentran los leones, jamás detienen su paso, a pesar de que éstos advierten su presencia, los miran y se ponen en estado de alerta.

Los hombres muestran tal seguridad que, a medida que se van acercando, los leones entran en pánico y deciden huir. Los cazadores saben que tienen poco tiempo antes de que los leones se den cuenta de que sólo están blofeando; toman la carne, se la echan a la espalda y se van caminando con la misma seguridad con la que llegaron, sin dudar ni un segundo.

¿Qué fue exactamente lo que pasó ahí?

Tres cazadores desarmados acaban de robar a 15 leones hambrientos la carne de una cebra y no se derramó ni una gota de sangre.

La razón de por qué me encanta este video es que ejemplifica perfectamente lo poderoso que puede ser el lenguaje no verbal.

Conseguir el empleo o que te lo gane alguien más, conquistar a la pareja de tus sueños o perderla para siempre, el éxito o fracaso en tu vida, o incluso salvarte de alguna situación de peligro, puede ser la consecuencia de haber hecho un buen o mal trabajo en la forma de comunicarte más allá de las palabras.

Conclusión

Al final del video siempre pregunto: "¿Cuál es tu león? ¿Cuál es el reto que tu lenguaje no verbal te va a ayudar a vencer?".

Todos lo tenemos. En mi caso, uno de esos leones fue una de las situaciones profesionales más importantes en mi vida. En algún momento, mi sueño máximo era trabajar con Pedro Ferriz de Con. Yo siempre lo he admirado como profesional por su capacidad de comunicar y de encontrar la palabra perfecta para la ocasión. Una mañana, mientras él transmitía en radio, leyó un tuit mío al aire. Por supuesto, celebré de emoción pensando que era lo más cerca que iba a estar de él, pero resultó ser que, más adelante, trabajé en la misma estación de radio en donde él transmitía a diario su programa. Aun así, nunca creí que mi relación profesional iría más allá de llegar a darle los buenos días.

Entonces, el león apareció, y estaba dispuesta a vencerlo. Tenía un amigo que lo conocía muy bien; le pedí que me consiguiera una cita con él. En el fondo, creía que esa solicitud sería sólo un sueño guajiro. Para mi gran sorpresa, unos días después recibí una llamada del propio Pedro: "Mañana te hago una prueba". Eso fue lo único que me dijo. Cuando colgué el teléfono sentí que se me salía el corazón.

Una noche antes no podía dormir por los nervios, no sólo era porque iba a tener la entrevista que nunca creí tener, sino que, además, estaba pasando por uno de los fracasos profesionales más grandes de mi carrera y eso me hacía sentir más insegura.

A la mañana siguiente, a pesar de mis nervios y mis inseguridades, estuve ahí puntual y decidida. Sabía que era la única oportunidad que tendría con él y no la podía malgastar. Para dejar el miedo de lado usé una técnica que consiste en visualizar el escenario ideal y en mentalizarme a que todo iba a salir muy bien, tal y como yo lo imaginaba en mi cabeza. Para agregar emoción al

Lenguaje sin palabras

momento, al llegar a la cita supe que Pedro tenía influenza y me dijo: "Esto no va a ser una prueba, vas al aire, ¿te animas o no?".

Por supuesto que estaba animada; recordé el video de los cazadores, tomé aire y caminé hacia el foro con toda determinación. Estaba decidida a vencer a "mi león". Me pusieron el micrófono y comprendí que estaba justo en el lugar que siempre había soñado. Ver a Pedro sentado a mi lado me produjo tal emoción que la adrenalina hizo su trabajo: sentía que el corazón se me salía del pecho, tenía el estómago revuelto y me sudaban las manos como nunca.

No sabía qué haría ni qué diría ni, mucho menos, qué me preguntarían. Sólo había una cosa de la que estaba segura: cómo manejar mi lenguaje no verbal a mi favor para transmitir seguridad, calma y dominio de la situación. Entonces me enderecé, levanté la cara y sonreí. Me concentré en mostrar las manos y modulé la voz, pues a veces tiendo a subirla cuando el entusiasmo me rebasa.

Esa iniciativa y determinación que tuve me sirvieron para estar en el programa por un año, y fue el segmento que más *rating* tuvo, se llamaba El lenguaje sin palabras. Pero la cosa no quedó ahí. Seis meses más tarde, Pedro me llamó para pedirme que lo presentara ante los medios como candidato independiente a la presidencia. Lo que empezó como un sueño, tiempo después se convirtió en estar frente a las cámaras de televisión de los medios de comunicación más importantes del país anunciando la candidatura de mi ahora amigo.

Nada de esto hubiera pasado de no haber sido por dos cosas. Primero, mi determinación para vencer al león. Segundo, mi conocimiento para ponerme a la altura de la situación gracias a mi mejor aliada: mi caja de herramientas de mi lenguaje sin palabras.

Conclusión

Como te podrás dar cuenta, entre más preparado estés y más conozcas acerca de cómo manejar tu lenguaje no verbal, más fácilmente abrirás las puertas y vencerás a tu león.

Al final de una de mis conferencias una joven me alcanzó para decirme: "¿Sabes?, creo que acabo de entender algo y hoy me siento diferente; considero que mi león es mi enfermedad, y la voy a enfrentar con valor".

Resultó que ella padecía una enfermedad muy seria, que la tenía siempre con miedo, contraída y empequeñecida. El video y la charla la ayudaron a motivarse y a tomar la decisión de enfrentar la enfermedad como un reto, sin miedo y con otra actitud.

Nunca más volví a saber de ella, pero por la determinación en su mirada y la fuerza de su voz, estoy segura de que hizo un muy buen trabajo, pues salió caminando como si fuera una guerrera masái.

Espero que para este momento el libro haya logrado transmitirte la importancia del lenguaje no verbal en todas las situaciones de tu vida. Pero, si quizá te estás preguntando: "Bueno, muy bien, ¿por dónde empiezo?", la respuesta es muy sencilla: observa, observa, observa.

La capacidad de observación no es una nueva habilidad que tengamos que desarrollar, ya lo hacíamos de niños. Pero con la edad perdemos esa capacidad y nos volvemos más narcisos, vemos mucho más hacia nosotros mismos, y a la vez nos preocupamos más por cómo nos perciben los demás. Volver a adquirir esta capacidad requiere paciencia, hasta que el cerebro se acostumbre, poco a poco, a crear nuevas redes neuronales.

Hoy en día la tendencia se inclina más hacia la hiperconectividad: más tiempo mirando pantallas digitales y menos tiempo

Lenguaje sin palabras

de interacciones sociales. Pero si la mayoría de la gente anda distraída sin poner mucha atención, esto te da a ti una gran oportunidad. Lo que te propongo es que vayas en sentido contrario: observa, trata de entender, escuchar y sentir, incluso lo que no te están diciendo. Recuerda, la información es poder.

Cuando éramos niños pasábamos horas observando en los aeropuertos, en los parques. La supervivencia consistía en adivinar las intenciones de los demás. Es parte de nuestra naturaleza, de nuestra biología, decodificar las sonrisas y tonos de voz para determinar quién miente o cuál va a ser el comportamiento o la respuesta del otro.

El lenguaje sin palabras es el único canal de comunicación en el que es imposible mentir, en el que la gente expresa lo que en realidad siente, incluso sin darse cuenta. Se puede mentir con las palabras, pero con el cuerpo jamás. Es una herramienta social que ayuda a entender y conectar mejor con los demás.

Para aprender correctamente a comunicarte más allá de tus palabras empieza por elegir un canal de comunicación y vuélvete especialista en él. No trates de ver la cara, las manos y la voz al mismo tiempo. Por ejemplo, empieza con leer miradas y analiza: ¿Qué sientes? ¿Te da confianza? ¿Es congruente la mirada con lo que te está expresando verbalmente?

En una conversación casual, trata de ponerte como meta detectar una o dos expresiones faciales en las que la persona se contradiga. Después amplía tu observación a los pies, las manos o el tono de voz. Al final, determina cuál crees que es la emoción que predomina.

Procura observar sin ser tan obvio, porque cuando la gente se siente demasiado observada o escrudiñada se congela y no se expresa libremente.

Conclusión

Y recuerda: en las observaciones es importante detectar la línea de base. Algunas personas por naturaleza son reservadas, tímidas y cruzan los brazos la mayor parte del tiempo. Hay que poner atención a los cambios. Si tu jefe siempre está de buen humor y de pronto un día no, ahí hay información.

En el caminar, en cómo se sienta una persona y en la forma de respirar hay mucha información que, de no estar atentos, la dejaremos pasar.

Entre más practiques y sigas los consejos que te doy en este libro, mejor aprenderás la relación entre el gesto y la emoción que se esconde.

Pon atención en los estados de ánimo de los que te rodean; detecta si las personas se sienten seguras o inseguras; si muestran arrogancia, frustración o si están a la defensiva. El tono del estado de ánimo se manifiesta en su lenguaje no verbal a través de la voz, los gestos y la postura. Un elemento esencial que puedes saber con todo este conocimiento es cuáles son las verdaderas intenciones de las personas.

Imagina el gran poder que ahora tendrás: acabas de conocer a alguien y al mirarlo, captarás sus verdaderas intenciones, conectarás con él o ella y podrás espejear sus movimientos. Lograrás que se relajen en tu presencia y tendrás un aliado más. También detectarás sonrisas falsas, tensión y hostilidad en contra tuya. Cuando identifiques esto, podrás, de una forma cortés, salirte de esa relación, y tal vez te salvarás de una batalla innecesaria.

Ahora te toca a ti. Obsérvate: ¿qué es lo que comunicas con tu lenguaje? Comunicar no es sólo dar información. Comunicar es transmitir, mover, conmover, persuadir, emocionar, hacer sentir, sensibilizar, y todo a través de los gestos, la postura y la voz.

Ya no sólo pensarás qué vas a decir, también serás consciente de qué quieres transmitir, porque sin hablar ya estás diciendo quién eres y qué te gusta. En tu fuerza y claridad se ve tu intención. En tu forma de decir las cosas se define tu actitud. Toda tu energía corporal sigue al pensamiento: si piensas que puedes, podrás.

Las personas que entienden que el lenguaje corporal es más importante que el verbal, que encuentran la congruencia entre lo que dicen, lo que hacen y lo que son, tienen una mayor profundidad en su mensaje. Sin importar a lo que se dediquen, son personas de éxito que se caracterizan por ser abiertas a escuchar, observar y sentir mayor empatía. Además, transmiten confianza, seguridad y calidez.

Para que logres adquirir esta habilidad se requiere de un entrenamiento continuo, que consiste en ejercitar el músculo de la observación y perfeccionar la habilidad innata de comprender lo que no te están diciendo. Recuerda que tu comunicación no verbal es el 93% del impacto que causarás en los otros.

Ahora parece que sólo tocamos la punta del iceberg en el conocimiento del lenguaje no verbal, pero sus beneficios son tantos que cada día se avanza más en este tema. Hoy podemos definir dos tipos de personas: las que son conscientes de lo que expresan y saben conectar y leer a los demás y las que no.

Pero recuerda, no llegues a conclusiones por un solo gesto. Debemos tomar en cuenta las tres C: conjunto, contexto y cultura. Alguien puede frotarse las manos porque tiene frío o porque es un gesto común, no porque esté dando una señal. Parpadear mucho es señal de nerviosismo, pero tenemos que saber qué tan frecuente parpadea esa persona para detectar los cambios cuando le hacen una pregunta incómoda.

Conclusión

Ten mucho cuidado de hacer acusaciones con poco fundamento. Un solo signo conductual o emocional no es suficiente.

Evita caer en el error de Otelo, protagonista de la tragedia de Shakespeare: Otelo se enamora de Desdémona. Se casan, pero Yago, subordinado de Otelo, se enfurece cuando éste no le concede un ascenso. Así, decide planear una venganza. Toma el pañuelo que el protagonista le había regalado a su esposa y miente acusándola de habérselo regalado a Casio por ser su amante.

Otelo cree estos alegatos y la acusa de amar a Casio. Le pide que confiese su amor, aunque de todas maneras la matará por su infidelidad. Desdémona, desesperada, le pide que lo haga venir para dar testimonio de su inocencia, pero Otelo miente asegurándole que ya lo hizo matar por Yago.

Desdémona llora ante la incapacidad de demostrar su inocencia; sin embargo, Otelo lo interpreta equivocadamente como declaración de culpabilidad y la manda a matar.

Esta historia es muy significativa, ya que es un ejemplo de los posibles errores de juicio al interpretar la conducta de una persona.

Otelo nunca consideró la posibilidad de que la emoción que mostró Desdémona se debiera a la tristeza y desesperación de la situación y no a la culpabilidad.

Lo más importante en la comunicación es la congruencia entre lo que se dice, se hace y se demuestra. Permite que esa autenticidad te defina. Cuando quieras conseguir algo, tienes que hacer que tu cuerpo entre en consonancia, lo quiera y se disponga a obtenerlo.

¿Estás listo para empezar esta aventura?

A partir de hoy, con esta información en tus manos, tu vida no será la misma. No podrás creer cómo antes te pasaban tantas cosas desapercibidas. Empezarás a ver y a sentir a las personas de forma diferente. A lo mejor descubrirás que esa señora a la que siempre notas enojada y seria sólo guarda una gran tristeza que nadie alcanza a ver.

Tu éxito y supervivencia dependerán de tu capacidad de observar, analizar y determinar qué hacer ante cada situación; de tu agilidad para leer el momento y a las personas; de la calidad de tus respuestas.

Te aseguro que pondrás atención a detalles que antes eran irrelevantes y sentirás una gran curiosidad por entender mejor a las personas y por saber quién dice la verdad y quién miente.

Y eso será apenas el comienzo...

Bibliografía

Birdwhistell, Ray L., *El lenguaje de la expresión corporal*, Gustavo Gili, Barcelona, 1979.
Cuddy, Amy, *Presence*, Little, Brown and Company, Nueva York, 2015.
Darwin, Charles, *La expresión de las emociones en el hombre y los animales*, Editorial Intermundo, Buenos Aires, 1946.
Davis, Flora, *La comunicación no verbal*, Alianza, Madrid, 1976.
Ekman, Paul, *Cómo detectar mentiras*, Paidós, Barcelona, 2005.
Fox, Olivia, *The Charisma Myth*, Penguin Group, Nueva York, 2013.
Gladwell, Malcolm, *Talking to Strangers*, Little, Brown and Company, Nueva York, 2019.
Goleman, Daniel, *Inteligencia emocional*, Kairós, Barcelona, 1996.
Greene, Robert, *The Laws of Human Nature*, Penguin Random House, Nueva York, 2018.
Hall, Edward T., *El lenguaje silencioso*, Alianza, Madrid, 1989.
Navarro, Joe, *What Everybody is Saying*, Harper Collins, Nueva York, 2007.
Pease, Allan, y Barbara Pease, *The Definitive Book of Body Language*, Bantam, Nueva York, 2004.

Lenguaje sin palabras de Bárbara Tijerina
se terminó de imprimir en junio de 2021
en los talleres de
Litográfica Ingramex S.A. de C.V.,
Centeno 162-1, Col. Granjas Esmeralda, C.P. 09810,
Ciudad de México.